SHODENSHA
SHINSHO

生き抜く力

山田邦子

JN003390

祥伝社新書

はじめに

芸能界デビューしてから、早いもので40年が過ぎました。２０２０年には、還暦という人生の区切りの年を迎え、歩んできた道を振り返ってみれば、私はつくづくたくさんの人に出会い、支えられてきたのだなぁと思います。

そして、その人たちに共通のあることに気がつきました。

それは〝生き抜く力〟です。

どうやら私は、その力がある人が好きなようです。

ボキャブラリーがあって、ポジティブで、ファイトがある人。

だから、それが分かりやすいお相撲《すもう》やプロレス、格闘技などが好きです。ふんどし一丁、パンツ一丁で戦っているのを見ると、生きる力が湧いてきます。

運動会もかけっこや綱引き、玉入れなど、分かりやすくていいですね。あとオペラもそう。人の力を感じます。

平成23（２０１１）年に東日本大震災があったとき、何のツテもなかったけど、「山田」ということで、岩手《いわて》県山田《やまだ》町の避難所へ。その後何度も行って、ご縁ができました。

山田町のみなさんは、生き抜く力のある方ばかりで、どんなに大変な状況でもいつも笑顔でがんばっている、大好きな町です。

私は、フリーでドラマデビューした年にフジテレビの横澤彪《よこざわたけし》プロデューサーに誘われて『オレたちひょうきん族』に出演。

ビートたけしさん、明石家《あかしや》さんまさん、島田紳助《しまだしんすけ》さんをはじめもの凄《すご》いメンバー、そしてメンバーだけでなく、ひょうきんディレクターズやスタッフ全員で毎週アイデアを出し合いながら、一緒に泣いたり笑ったり夢中で過ごしました。

一番忙しかったのは、平成元（１９８９）年に『邦ちゃんのやまだかつてないテレビ』が始まった頃でしょうか？

その頃には、週に十数本のレギュラー番組を抱え、収録が30時まで終わらず、次の仕事の入りは朝６時という毎日です。

本当にいつ寝てたんでしょうか。あまりの忙しさで休憩時間はスタジオでも気絶したり、このまま死ぬのかなぁと思ったこともありました。

ウィキペディアやお笑い史などの記事を見ると、間違ったことも結構書かれていて、いい加減というか、捏造《ねつぞう》と思えるものまであります。たとえば、高校在学中にテレビに出たことなんて一度もありません。

それを拡散され、今のような対策や規制がなかった頃の謂《いわ》れのない誹謗中傷。会ったこともない人から悪口を言われたりもしましたが、分かっている人は分かっているし、面倒くさいからそのままでもいいやと放っていました。

でも、今回ここに書くことは、全部本当の話です。

人気絶頂のあの時代から現在まで40年間の芸能人生活で、私だけが見た世界があります。

私が生まれ育った東京の下町には歌舞伎役者や噺家《はなしか》さん、芸能人がウロウロしていて、小さい頃から映画や寄席などによく行ってたりして、おかげさまで家族全員がテレビと現実の区別がつかないという何とも不思議な〝勘違い力〟を身につけました。

中学からはお嬢さんたちの集まる学校に入りましたが、なぜか全校の人気者になり、仲の良かった友達とコンビやトリオを組んで漫才を披露《ひろう》し、井《い》の頭《かしら》公園で勝手に一緒に舞台に立ったのりこちゃん、りかこちゃん。なつかしい思い出です。

そんな明るい自分がいて、でも一方では暗かった自分もいました。寂しかったこと。隠し事をしていたこと。いろいろなことがありました。くそ生意気だったし、勘違いばっかりしていた人生です。

小さい頃からおもしろいことが大好きで、みんなと泣いたり笑ったり盛り上がるのが楽しい。ずっとそんな風に生きてきました。いろんな経験をしたけれど、みなさんのおかげで全部が今の私の生きる力になっています。

デビュー40年目、生まれて60年、意味はないけど合わせて１００年という記念すべき２０２０年に、新型コロナウイルス感染症で世界中が大変なことになってしまいました。悲しいニュースに心を痛める毎日です。また、芸能界やテレビ業界でも、今までは考えられなかったような変化が起きています。

でもそんな時代だからこそ、下を向かずに生きていきたい。

長くいた事務所からも独立し、次の新しい計画を立てて前に向かって進んでいます。

この本でそんな私の生きる力がみなさんにも伝わって、少しでもみなさんの生き抜く力になればうれしいです。

2021年2月　山田邦子

目次

第2章　お嬢様学校の人気者

第3章　芸能界の多士済々

第4章 絶頂と別れ

第5章　還暦からの挑戦

編集協力：福永一彦

第1章

喜劇のような下町

父親はギャング⁉

私が生まれ育ったのは東京の下町です。

両親、兄、私、弟の５人家族。絵に描いたようなどこにでもある普通の家庭です。

今から何十年も前の下町は、だいたいが料理屋とか職人さんとか、家で仕事をしているような環境で、普通みんなの家族は家にいます。

そのなかで私の父だけが毎朝、行ってらっしゃいと見送られて、スーツを着て出かけていくのです。

小さいときから、どうもうちはよそと違うみたいだ、お父さんはいったい何をしているんだろう？　と不思議でした。

しかも外からお金を持って帰って来るので、子どもも現金をチラッと見るわけです。何か秘密っぽい。さらに運転手さん付きの黒い車に乗っている。時々母にネックレスをあげたりする。ますます怪しい――。

頭のなかで『アリババと四十人の盗賊』みたいな妄想が膨《ふく》らんで、もしかしてうちの父はギャングなのかもしれないと本気で心配していました。

もちろん、持って帰ったのは会社のお給料だし、運転手さんが迎えに来たのは社用車で、付き合いのゴルフで賞品などをもらって母に渡していただけでしたけど。

最初に住んでいた家は荒川《あらかわ》区の東《ひがし》尾久《おぐ》にある大きな平屋建てで、広いお庭があって、幼心にとても立派に見えました。

建設会社に勤めていた父は立教大学の水泳部の出身で、そのあとで監督も8年間ぐらいやりました。だから、よく先輩や後輩の選手たちが遊びに来たり、会社の支店や同業者の方が来ることもありました。

海外の知人もいて、よく人が集まって、庭でバーベキューをやったり、卓球をしたり、なかなか華やかな暮らしぶりでした。

なので「うちは金持ちで、私はお嬢様」だと勘違いして育ち、そうじゃないと知ったのは、その家から引っ越してからのことです。

中学生になって東尾久の家がなつかしくなってこっそり見に行ったとき、その場所に大きな銀行が建っていたので、「あんなに広い土地を売ったからには、さぞやうちにはお金があるに違いない」と親に聞いたら、「あれは社宅だった」と言われ、ショック。

うちは、お金持ちじゃなかったんだと、ようやくそのとき悟《さと》りました。

渡り廊下で隣の家に行ったり来たり

ずっと「生まれは荒川区です」と言ってきましたが、19歳のときに就職準備のため初めて役所に書類を取りに行くと、〝墨田《すみだ》区生まれ〟とあり、ずっこけました。

生まれたのは昭和35（1960）年6月13日。墨田区錦糸町《きんしちょう》の賛育会《さんいくかい》病院。

今でもまだありますが、どうもその病院の住所で届け出たようです。錦糸町やその隣の両国《りょうごく》には今でもよく行きますし、大好きな町なので別にいいんですけど、「いちいち細《こま》かいこと言うな！　立派な人間になれねーぞ」的な大雑把《おおざっぱ》な両親の行動に苦笑しました。「東京、でいいじゃねーか」って、まあそうなんですけどね。

父の会社は鶯谷《うぐいすだに》にありました。運命の出会いかは知りませんが、母はその会社初の受付嬢にたったひとり採用になったのに、すぐに父と職場結婚し、退社。あとはずっと専業主婦です。

荒川区の社宅では、2歳上の兄は体が弱かったので、よく隣の大工さんの家族が私を預かってくれました。あんまりしょっちゅう行くので、外を回らなくても行き来できるように大工さんが木造の社宅と自分の家の壁をぶち抜いて、屋根付きの渡り廊下を作ってくれたほどです。

「おばちゃん、今日のご飯何?」という毎日です。よくよくかわいがってもらいましたね。今でも都電に乗ると、そのあたりを見てなつかしく思います。

祖母を帰らせない秘策

幼稚園に入る前に、おばあちゃんがよく遊びに来てくれました。母方の祖母です。孫だからすごくかわいがってくれて、来てくれるとうれしい。でも夕方になり、おばあちゃんが「帰るね」と言うと「帰んないで〜」と止めるから、おばあちゃんもつらくなります。

じゃあ一緒に寝ようね、ということになり、目が覚めるとおばあちゃんはいなくなっている。お昼寝をすると、その間に帰る作戦ということが分かってきました。

それであるとき、こっちも対抗して、おばあちゃんの草履《ぞうり》を隠してしまいました。これで帰れないはずだ！　と思ったんです。でも目が覚めると、やっぱりいなかった。

「おばあちゃんは？」

「帰ったよ」

「えーっ？」

「何かね、草履がなかったのよ。探したんだけど」

サンダルを履いて帰ったと聞いて「すまないことをしたな」と思いました。

当時のおばあちゃんはまだ着物でしたから、それにサンダル履きはさぞ格好悪かっただろう。とてもおしゃれなおばあちゃんなのに。

でもかわいい孫が帰らないでと言っても、サンダルを履いてでも帰るということは、家によっぽどの用事があるんだ。反省して、それからは「帰らないで」とは言わなくなりました。帰っていいからね、その代わりまた来てね、と。人には、いろんな事情がある、ということを学びました。

ところが草履を隠したことをそのまま忘れてしまい、年末の大掃除のときに、隣の家との塀の間から出てきて、

「こんなことをするのはお前だろう！」

そうだ、これはあのとき隠したやつだと気がついても、時すでに遅し。結局母にこっぴどく怒られました。

休日の幼稚園に忍び込む

幼稚園に入るすぐ前に、江東《こうとう》区の森下町《もりしたちょう》に引っ越しました。

町名変更で今は別の住所になっていますが、母の実家があるところです。

父は静岡《しずおか》県沼津《ぬまづ》の出身で、末っ子で早くに両親をなくし身寄りがあまりない人だったので、下町の母の家族がいるところにやって来ました。『サザエさん』のマスオさんのような立場です。

幼稚園は神明《しんめい》幼稚園。家のすぐ近くで、園長は神主《かんぬし》さんです。

幼稚園では、外遊びの時間帯がいつだとか、先生がどのタイミングで何をするかを

把握すると、ひとりぐらいいなくなっても分からないだろう、家に1回帰ってみようとなります。でも繰り返しているうちにばれました。

「あれ、もう帰ってきてる。どうしたの？」と母親が気づきます。

「お腹が痛い」と嘘をつく。

「あら大変、トイレ行きなさい」

「うん、もう治った」

「じゃあ幼稚園までお母さんが一緒に行ってあげるから」

　すると幼稚園でも先生たちが探していて、大騒ぎになっていました。「邦ちゃん、帰ってきたの、ああよかった」。なんだ、ちょろいもんだなと思いました。だけどこんな騒ぎになってみんなに心配をかけるんだな、とは分かっていたけど、小学校に上がってからもこの癖《くせ》は治らず、何度も同じことをやりました。

　幼稚園では、栄養のバランスがどうこうといって、帰りに肝油《かんゆ》を食べるのが決まりでした。手を出すと先生が2粒ずつくれて、ゼリーみたいでおいしいんです。幼稚園は休みの日もバレエ教室やピアノ教室に使われていて、門は閉まっていませんでした。

　なので日曜日に遊ぶふりをして幼稚園に忍び込み、肝油がピアノの上に置いてあるのが分かっていたから、よじ登ってガバガバ食べていました。ところがそれを大人に見つかって、「何やってるんだ！」とめちゃめちゃ怒られました。肝油って、食べ過ぎると過剰症になっていろんな疾患《しっかん》になるんですよね。無事でよかったです。

石１個、紙１枚でいつまでも遊べる

　幼稚園は、緑組さん、黄組さんの２年保育で卒園して、小学校も近くの区立八名川《やながわ》小学校に通います。

　小学生になると、町内の路地裏を駆けずり回るようになりました。

　当時は木造の家と家の間に、子どもがちょこちょこっと行ける隙間《すきま》が結構あって、〝ワープゾーン〟と名付けていました。

　小学校の中も全部調べました。理科室、音楽室、先生のロッカーの順番、校長室には意外とお菓子が置いてあるとか。

校舎の地下には戦時中の防空壕《ぼうくうごう》が残っていて、ダルマストーブの燃料になるコークスの倉庫になっていました。冬にコークスが切れそうになると、授業中でも日直の子が2人でバケツを持って取りに行きます。防空壕は暗く、ドアを開けて階段を下りていくと、天井で電気がカチカチと点《つ》いたり消えたりし始める。〝怖い〟と〝楽しい〟でキャーキャー言いながら戻って来て、先生に怒られたりしました。

小学校は本当に家の近くで、ワープゾーンを使うと給食室の裏に2分ぐらいで着くんです。学校まで2回道を曲がって通っていたけど、案外すぐ行けるんだなと発見しました。

そんなことをしてあちこちをうろうろしているうちに町内の人の顔も覚えて、お肉屋さんと魚屋さんは仲が悪いとか、鶏肉屋さんとうちの母は昔ちょっと何かあったんじゃないかとか、まあ間違いだらけなんですが、そういうことを〝調査〟してノートに書き留めていました。

「午前中のこの時間には家でお母さんは何をしているんだろう」と小学校を抜け出して見に行き、「なんだ、洗濯してるのか」と確かめて、学校に戻り「お母さん、何時に洗濯している」とメモ。往復で４分ちょい。休み時間内で十分、行って来いできました。

お父さんがギャングなら、私はスパイになりたかった。

その頃『キイハンター』や『ザ・ガードマン』など、潜入調査して謎《なぞ》を解くというテレビドラマが流行《はや》っていて、それで〝諜報部員〟とか〝裏を取る〟とかいう大人っぽい言葉を覚えて「スパイ手帳」を付けていたわけです。

だんだん〝捜査網〟を広げ、北は両国、西は浜町《はまちょう》、南は門前仲町《もんぜんなかちょう》ぐらいまで出没しました。小学校の低学年ぐらいで、その年にしては結構な広い範囲です。このへんは全部分かって仕切っているみたいな気分で、しょせん小さな世界ですが、得意になってました。

今の子みたいにスマホもないし、ゲームも攻略本もない。テレビはよく見たけど、あとの娯楽といえば時々映画に連れて行ってもらうぐらいです。

でも石が１個あればいくらでも遊べました。ノートが１冊あれば絵も描けるし手紙も書けるし、そうしているうちに創意工夫・ボキャブラリーが鍛えられた気がします。

近所の子どもたちとは、道路に白墨《はくぼく》か蠟石《ろうせき》で絵を描いて石蹴りやケンパをしたり、借り物競走などは、魚屋さんにあいさつして来るとか、学校の校舎の柱を1回触ってくるとか、薬屋のおじさんの背中をポンポンと叩いて来るなど、細かく道路に書くので、子どもたちが何をしたかが丸見えです。

寺島君の家に上がり込んで、麦茶が冷えているから飲んでくるなど、いたずらに近いことも道路に書いてあります。それを見て通りすがりの大人たちが、怒ったり、笑ったり。楽しかったなぁ。

同級生の家がお花屋さんや畳屋《たたみや》さん、お医者さんだったりして、ご近所はみんな知り合いで距離が近く、外出しても鍵をかけないし、醤油が切れると借りに行く。昭和の下町ってそんな感じでした。

テレビと現実の区別がつかない

父は建設会社で営業の仕事をしていました。高度成長で建設業界も景気がよく、全国あちこち飛び回っていました。

その建設会社はボウリング場もやっていたので、小さいときからボウリングをさせてもらいました。ボウリング場に行くと、瓶のコカコーラとかペプシコーラやファンタが飲めて、外国に来たみたいで別世界のようでした。

日曜日ともなれば、日本橋《にほんばし》のデパートでお買い物をして、その紙袋を持って夕方帰って近所の人に見られるのが、父にとっては誇らしいわけです。みんながサンダルで買い物籠を提げている時代に、革靴《かわぐつ》でデパートの袋を提げているのが得意だったんでしょう。

そんな見栄っ張りな父のせいで、私もまだ小さいのにエナメルの革靴を履《は》かされていました。小学校に入るときに運動靴が必要になり、やっと買ってもらえました。

それまでは、つっかけのサンダルか革靴しか持っていなかったので、初めて布の靴を履けるのがうれしかった。それでも小学校にレースでキラキラ光るようなワンピースみたいな、場違いな格好で行ったりしていました。

ミーハー家族なので、当時話題になった新しいものには何でもとりあえず真っ先に飛びつきました。

小学校1年生のときに、我が家にカラーテレビがやって来ました。持って来てくれた近所の電器屋さんは、上の子が兄の同級生、下が私の同級生です。

その頃のカラーテレビは、家具みたいに扉があったり、長い脚が4本付いていたりしていかにも高級品でした。電器屋さんが3種類のカラーテレビを見せに持って来た日は、父は会社を休み、子どもたちは学校を早引けまでしてどれにするかを家族全員で真剣に決めました。

近所の人は運び込むところを見ているから、「山田さん家、カラーテレビ買うんですって」となり、近所の一大事件です。笑っちゃいますよね。

小さい頃からテレビが大好きでした。

人形劇の『チロリン村とくるみの木』から始まって、藤田《ふじた》まことの『てなもんや三度笠』。カラーテレビになる頃からは、クレージーキャッツの『シャボン玉ホリデー』、外国ドラマの『わんぱくフリッパー』など。

自分の家はちゃぶ台でしたけど、『ルーシー・ショー』に出てくる家はシャンデリアにソファー。アメリカの素敵な暮らしぶりにあこがれたものです。

お笑い番組、今でいうバラエティ番組は特に好きで、いろんなギャグを真似しました。そのときすでにテレビのなかの人と自分との区別がつかず、なぜか同業者のような気分でした。何でそうなのか分からないけど、たぶんバカですね。

いい子を演じると実入りがいい

ギャグを真似して家族にウケたかというと、そんなことはありませんでした。兄が病弱だったので、静かにするようによく言われました。なので隣のおじちゃん・おばちゃんのところや、友達のところに行って、その前でよくやっていました。

森下町の家には、母の家族がたくさんいました。母方のおじいちゃん・おばあちゃん、母の妹、弟、私にとってのおじさんとおばさんですね、それとその家族。

大きな建物で部屋がたくさんあり、アパート経営をしていたので、お勝手もお手洗いも何個もあって、階段は迷路のようです。下は駐車場で、雨でも遊べるので友達もよく来ました。

大人ばかりなので、いやらしい話ですが、おとなしい、かわいらしいお嬢さんでいると実入りがよかった。法事などのとき、親戚の人からたくさんお小遣《こづか》いがもらえます。

ふざけて「ナンマイダ、ナンマイダ」と数えて「やめなさい」と叱られたりもしました。ウケたけど。

高座の林家三平師匠と掛け合い

東京の町は、芸能人との距離が近いのかもしれません。ちょいちょい歩いているのを見かけます。

近くに演芸場の人形町《にんぎょうちょう》末廣《すえひろ》があって、よく行きました。小学校1、2年生だったと思います。初代林家《はやしや》三平《さんぺい》さんもよく出ていて、お客に普通に話しかけてくるんです。今の三平さんのお父さんです。

当時「よしこさん」「どーもすいません」の決めゼリフで人気絶頂でした。

もう噺が始まってからちょっと遅れて入ると、

「今来ると思いましたよ、かわいいお嬢さん。はい、座って」
それでみんなウケる。そのとき私がわざとつまずくと、さらにお客さんも大笑いです。
「あーもー、大変なんすから、早く座りなさい」
「どーもすいません」

こめかみにグーを付けて、あの三平さんに向かって7、8歳の私がやる！　もう大爆笑です。嫌な素人《しろうと》ですね。

紙切り芸の名人、林家正楽《しょうらく》さんには、お題をもらってきれいに切り抜いた紙の残りを「くださーい！」と声をかけて何度ももらいました。

デビューしてから番組で何度かご一緒することができました。その後息子さんが跡を継ぎましたが、お父さんから話を聞いていたようで、今でもお会いすると昔の話になり「しつこくねだっていたんだよね」と笑われます。

どーもすいません。おあとがよろしいようで。

町には普通にお相撲さんが歩いているし、近所の泥鰌《どじょう》屋さんには噺家さん、歌舞伎役者さんもしょっちゅう来ていました。

子どもだからそんなこととは知らずに「酔っぱらいのおじちゃんだー」なんて大声で言っていると「やめなさい、あれは何代目の何とかなのよ」と。そんな環境だからなのか、有名人との距離が近く、図々しくも友達気取り。初めて会っても「あ、どうも!!」ってな具合です。

志村さんの正式デビューに立ち会う

クレージーキャッツのあとは、ザ・ドリフターズが好きになりました。

小さい頃から結構大きくなるまで、ハガキを出して『8時だョ!全員集合』の公開放送の会場へ見に行きました。

土曜日の夜の生放送です。文京《ぶんきよう》公会堂が一番行きやすかったですが、いい席は朝から並ばないと座れない。学校が終わってから電車に乗ってダッシュで行っても昼過ぎになり、もうしろのほうの席です。それでもテレビじゃなく生で見られるのがうれしかった。

中学1年生のときだったと思いますが、春休みなので早くから並ぶことができて、兄と一緒に前から3番目ぐらいの席に座りました。何とその日が、志村《しむら》けんさんが正式にザ・ドリフターズの一員になった回だったんです。

生放送中に荒井《あらい》注《ちゅう》さんがいかりや長介《ちょうすけ》さんに呼ばれて「荒井注は今日で終わりです」と発表がありました。みんな「えーっ？」となって。そうしたら「代わりにこの志村けんが入ります」と。それを文京公会堂で見ていたんですね。歴史的瞬間に立ち会ったような気がしました。

荒井注さんとは、その後ドラマで共演しましたが、クールでひょうひょうとしていて、「なんだバカヤロウ」とか「ジス・イズ・ア・ペン」というギャグが好きでした。

志村けんさんも正式加入の前からコントの脇役で出ていましたが、レギュラーに定着すると早口言葉やひげダンス、何かしくじっていかりやさんが「志村ー！」と叫ぶのがウケ、加藤茶《かとうちゃ》さんをしのぐ勢いで人気者になっていきました。

さすがにそのときは、まさか自分がその裏番組の『オレたちひょうきん族』に出るとは、思いもしませんでしたけれど。

お兄ちゃん、明日死ぬかもしれない

おもしろいことが大好きで、学校で友達と遊ぶのも楽しい。でもその一方で、暗い自分を抱えていました。

話は小学校1年生のときに戻りますが、体が弱かった2歳年上の兄が、本当に具合が悪くなってしまいました。

兄は小学校3年生のとき1日も学校に行けませんでした。小《しょう》児《に》リウマチで寝たきり。お医者さんがいつも来ていて、今日が山かも、みたいな日が何回かありました。そうなると家の中がしんとして、何にもしてないのにいきなり「静かにしなさい！」って怒られる。息が詰まって、「もう死ぬなら死んでくれ」とまで思いました。

小学校に上がるのがすごく楽しみで、どれだけ楽しいことが待っているんだろうとワクワクし、運動靴も買ってもらって、持ち物が増え、それに全部名前を書いて、友達がいっぱいできて、輝かしい日々の始まり……のはずが、家に帰ると兄が寝たきりです。

ほぼ100パーセント、親はそっちにかかりきりでした。気を引こうと仮病も使い、「大丈夫か」と、父は時々フルーツやお人形を買ってきてくれましたが、母には「ああ、うそ、これぜんぶ嘘だから」と見抜かれていました。

雨が降っても「外で遊んでらっしゃい」と言われたときは、さすがに悲しかった。下の駐車場は雨でも遊べるので、しかたなくそこに行きました。あんまり悔《くや》しいので一度、本当に外で遊んでずぶ濡れになって帰ってきましたが、それでも母はこっちを見ませんでした。だって息子が今日明日、死んじゃうかもしれないんだから。

ただ大好きな祖母や、おじさんやおばさんも一緒に暮らしていたので、こっちこっちと呼ばれてタオルで拭いてくれたり、「今日はこっちで寝なさい」とか、誰かしらフォローしてくれたのでグレずにすみました。

人は親じゃなくても誰かにかわいがられれば生きてゆける、とも思いましたが、やっぱり親にほめられたい、かわいがられたいと心の底では叫んでいましたね。

兄の反撃に安心する

兄は4年生になると元気になって、学校に通い始めました。大丈夫かな、あ、今日も元気みたいだ、と校舎の中でよく確かめに行きました。

兄とはケンカもしましたが、仲は全然悪くないです。私は外遊びが好きでお転婆《てんば》でしたが、正反対の兄はもの静かで知的で品がいいんです。

私が何を言ってもにこにこ笑っていたのをいいことに、兄の持ち物にサインペンでいたずら書きをしたり、言い返してこないと分かっているから「そんなに具合が悪いなら死ねばいいのに！」とか、ひどいことを言ってました。

そうしたらあるとき、私の大事なリカちゃんハウスに、こすっても消えない油性マジックで大きく「バーカ」と書いてありました。どう考えてもお兄ちゃんだ。でも全然頭にきませんでした。お兄ちゃんにも悔しいという心があるんだ！　ちゃんとやり返せるんだ！　と分かってちょっとうれしかったです。

兄は6年生で中学受験することになって、もう熱を出すほど勉強していたので、かわいそうに、また寝たきりになるのでは？　と心配しましたが見事合格。小児リウマチは1年で完治して、そのあとはずーっと元気です。

上と下にはさまれてすべてが嫌になる

お兄ちゃんが元気になったと思ったら、小学２年生で弟が産まれました。

赤ちゃんがかわいいから、みんなそっちに行っちゃう。しかも弟は小児喘息《ぜんそく》で、ヒューヒュー息をしてとてもつらそうで、またまたかわいそうでした。母が抱っこしたまま寝るようになり、私はまた「外で遊んでらっしゃい」の日々です。上と下の両方にはさまれて、不幸を感じました。
３、４年生ぐらいからは、もうすべてが嫌でした。
家じゅうの本棚の本を逆さまにしたりすると、大人が、何だこれはとびっくりする。まだ黒電話でダイヤル回線だったときに、電話器のダイヤルにセロハンテープを貼って指が入らないようにする。

急いでいると慌てるはずだ。それも、このおばさんが一番慌てて「誰がやったの？」と騒ぐだろう、お母さんは無言で剝《は》がすだろうと予想すると、やっぱりその通りになる。

押し入れの中に入り、布団の間にはさまって、目を開けても真っ暗なところで、自分はもうこの世にいないごっこをひとりでやって、誰が最初に見つけてくれるかなと思いながら待ちましたが、誰も見つけてくれずに熟睡してしまい、目が覚めて目を開けても真っ暗。ここがどこなのかも、何時なのかも分からない。この世での自分の存在の意味も価値も分からなくなりました。

期待しちゃだめなんだと思ったり。まだ子どもで何にも経験してないのに、この先世の中、何もおもしろいことがないなと諦《あきら》めてしまいました——暗かったです。

「絶望」について作文に書く

テストで98点だと「１００点じゃないの？」と言われる。

ほめられないということはこういうことなんだな、子どもが傷ついても分からないんだな、だめだなこの親は、大人にもいろんな事情があって大変な目に遭《あ》うとこういうバカになっちゃうんだな、などと、いろんなことに絶望するようになりました。

でもつらいけどしょうがない。家族ですらこうだったら、他人はもっと人のことなんか気がつかない。自分がちゃんとしなければいけないと思うようになりました。

信号の色が並んでいる順番とか、サイコロの目の順番とか、誰がこう決めたんだ、何でこうなったんだと、いちいち面倒くさいことを考えていました。図書館の本も全部読んじゃって、読むと自分なりに感想文を書くんです。

9歳で「絶望」という作文を授業で書いて先生に出したときは、赤字で「考え過ぎです」と書かれて、しかも目の前で破いて捨てられてしまいました。

それから、とうとう神様について考え始め、「あ、神様は自分の中にいる、いや自分こそ神だ」というところまで行き着き、今のこれは試練で私は選ばれた者だと勘違いしていました。

ちょっとおかしかったかもしれない。治ってよかったです。治ったかな――。

楽しい学校生活や外遊び。その一方で絶望という言葉が出てくる。両極端で、ギャップが大きくて、真ん中を考えられない。そこは今も私のよくないところです。

がんばるのはいいこと、がんばらないことはだめなこととか、白黒をつけてしまう癖《くせ》があります。それで人を傷つけたり友達を失ったりしてきたこともあったと思います。日本には「まあまあ」とか、「たいがい」とか、いい言葉があるのに。どうしてこんな性格になっちゃったのか。

ただ私には隣近所がついていましたので、救いはありました。学校では人気者で、お友達にも感謝です。親にかわいがられなかったぶん、外の人にうんとかわいがられるようになったので、これでよかったのかもしれないですね。

人知れず小石をお腹に押し込む日々

私には、大人になるまでずっと秘密にしていたことがあります。何だそんなことかと思うかもしれませんが、デベソだったんです。

小学校に入って、みんなで体育着に着替えるときに初めて人のおへそをたくさん見たら、自分だけがデベソだったんですね。慌ててパンツをぐっと上げて隠しました。

小学校に入ったらちゃんとしなさいと大人たちから何度も言われていました。だから毎朝忘れ物はないか確かめて、あいさつは大きな声ではきはきと、予習復習もちゃんとして、と一生懸命でした。

ところが何と、自分のへそがちゃんとしていなかった。

それでスーッと暗い思いに沈んでしまって。おへそを見られたらもう人生の終わりぐらいに落ち込みました。学級委員になったり、オール5を取ったりして、こんなに明るいのに、「へそがなー」というのがつきまとっている。ダークな面をいつも抱えていました。

弟ができた頃だったと思います。親にも言えず、学校の帰り道に石を蹴《け》りながら、今日もデベソはばれなかったな、一安心と思いながら歩いていました。

すると蹴った石が、たまたま指の先ほどの小さな丸い石にコツッと当たった。それを見て、おっ、これはもしかしてと思い、拾って家で洗って、トイレでおへそにグーッとはめてみたら、一瞬引っ込んだ。これは⁉　外したらポンッと出てくる。うん、凹《へこ》む、イケるぞこれは、と。心に光が差しました。

それからは形がよさそうな小石があると集めては、おへそにはめて絆創膏《ばんそうこう》で貼りました。次の日も次の日も貼っていたらかゆくなり、そこを掻《か》いたらおへその周りが赤くなってしまったので、毎日時計回りに絆創膏を貼る位置を変えました。

そうして凹んでいるかどうか確かめるのが習慣になりました。

二十歳《はたち》までそれをやっていました。だから今でも小さい石を見るとちょっと笑っちゃいます。これ、へそに入るなとか、痛くないやつだなとすぐ分かります。

デベソがばれたら人生の終わり

小学校３年生のときに大親友が２人できました。

あるとき、その親友の家で３人で遊んでいると、仲良しだから今ならしゃべれるなという雰囲気を感じて、思い切って聞いてみました。

「もしかなんだけど、自分がデベソだったらどうする？」と。

そうしたら一人の子が「やだ、死ぬー」って言って笑いました。

「そうだよねー！」

と言って私も一緒に笑いながら、親友でも絶対に言えないなと諦めました。

体育の授業で体操着がずれたら、あっ、と思って運動をやめたりしました。本当にくだらないけど、誘拐《ゆうかい》もされないように気をつけました。

見つかったときにおへそが出ていて、山田さんってデベソだったんだと全世界に知られてしまったら、もう終わりです。暗いところを歩かないようにして、交通事故にも遭わないよう注意して、外出先で暗い部屋に入るときはスリッパを投げ入れて誰もいないか確かめたりしました。それが7歳の終わりぐらいからずっとです。

高校生のときにピンク・レディーが出てきて、水泳大会の番組できわどいビキニで歌を歌って、よく見たらケイちゃんがデベソなのを見たときは、本当にびっくりしました。あ、時代が変わったな、ケイちゃんを応援しようと心に決めました。

あるとき歌番組の『ザ・ベストテン』で、ケイちゃんがいなくてミイちゃんだけ登場して来たときがあります。「まあ、どうしたんですか」と黒柳徹子さんが聞いたら、「ケイは盲腸《もうちょう》になって今手術しています」と言ったのに、「うそだ、へその手術をしているんだ」と勝手に思いました。

もう歪《ゆが》みきっていたんです。次の週に無理して出てきたケイちゃんは、そのせいでまた入院しました。すると、「やっぱりへその調子が悪いんだ」と思いました。妄想が止まらない。がんばっていたケイちゃんに謝りたいです。

やがて、二十歳でデビューしてからは忙しくなり、あるとき気がついたらおへそが全然出ていません。ビキニも着られるようになって、もう、見て！　という感じ。
「小石よ、ありがとう」です。

ところが健康番組に出たときにお医者さんにそれを話したら、「おへそはね、歳とともに凹むんです」と聞いて、私の努力は何だったんだと思いました。石でおへそを押さえていて、お腹痛かったでしょう、化膿《かのう》しなくてよかったね、と先生に言われました。ランドセルを背負って寂しく石を蹴っていたあの日から長くて暗い13年間は無駄だったのか――。

今はアイドルやダンサーでもいろんなおへその人がいます。もちろんデベソも。かわいい、個性的、などと言っていて、いい時代になったなぁと思う今日この頃です。

立ち食い蕎麦をすするランドセルの少女

そうこうしているうちに、また引っ越すことになりました。

5年生のときに高島平《たかしまだいら》団地の分譲住宅が当たったというので、マイカーに乗って家族で見に行きました。そうしたらまだできてなくて、だだっ広い野原があるだけです。えー、嫌だ、下町にはいろんなものがあるのに、こんなところに住むのかとがっかりしましたが、あっという間に街はできていきました。

けれども小学校があと1年間残っています。たった1年だからということで、都営地下鉄などを乗り継いで1時間かけて八名川小学校まで通いました。

　両国駅から八名川小学校まで歩いて15分かかります。その途中で「あ、先生だ！」「おう、山田、じゃ一緒に行こう」と、ほかのクラスの先生とも仲良くなりました。ときには、「先生も遅刻だからタクシーに乗ろう」「やったー」ということもあれば、「今日は走ろう」「えー、走るんですか」なんていうことも。大人の仲間入りをしたようで、ちょっと楽しくなりました。

　電車で通ううちに、水道橋《すいどうばし》乗り換えでも巣鴨《すがも》乗り換えでも行ける、大手町《おおてまち》から乗り換えるとバスがあるとか、いろんなことを調べて、工夫するとお金がかからないことも分かりました。

　前に住んでいたおばあちゃんのところに帰りに寄って休憩すると、おいしいお菓子を食べながらおばあちゃんが心配して、「泊まっていけば？」なんて言ってくれました。それでも泊まらないでちゃんと帰ったけど。おばあちゃんは私の運動靴を隠したりはしませんでしたけどね。

秋葉原《あきはばら》経由のときは、朝ミルクスタンドでフルーツ牛乳を飲みました。「おばちゃん、おはよう」「うん、早く行きなさい」「はーい」なんて。このスタンドは今でもあります。

水道橋の駅を降りてすぐのところには立ち食い蕎麦《そば》屋さんがあって、お下げ髪のランドセルの女の子がひとりでサラリーマンの間に割って入って蕎麦を食べるなんて。何だろうと思われていたでしょうね。

だけど若いときってなんであんなにお腹が空《す》くんでしょう。帰りにはよく寄って、時々は朝にも行っていました。どんな女の子だったんだ、と今でも思い出すとおかしいです。

松葉杖とハイヒールの卒業式

中学は、私立の学校を受験することになりました。目白《めじろ》の川村学園です。父親が決めました。理由は、同業者のお嬢さんたちがたまたまそこに行っていたから。また父の見栄っ張りが出たんですね。

ちょうどその頃、膝《ひざ》がカクカクするようになったので手術を受けることになりました。右膝の半月板《はんげつばん》損傷です。

スポーツをする人に結構多い怪我《けが》で、もともと半月板の形がよくなくて欠けやすかったところに、お転婆なので飛び回っていて傷めたようでした。

入試の科目に体育があったので、受験日が２月１日、その翌日の２日に「おめでとうございます」と連絡がきて、そのまま整形外科医院に入院、中学の入学式までに治すという段取りになりました。

今は内視鏡でやる手術ですが、当時はまだ古いやり方で、メスでざっくり切って終わると腿《もも》から足首まで石膏《せっこう》で固めました。

だから脚《あし》も痩《や》せてしまうけれども、私は小学校の卒業式になんとしてもハイヒールで歩いて行こうと思っていました。

ハイヒールは４年生のときから履いていました。その理由は10歳になったとき、もう年齢が一桁でなく99歳までと同じ二桁になったから。それはもう大人だという変な理屈です。

吊りスカートの吊りを切り、マニキュアを塗って、ハイヒールを履く。それで学校に行きました。もちろんマニキュアは怒られました。取りなさいと言われて、これは日曜日だけのことにしました。

放課後にそういう格好で学校にいると、知らない先生に親と間違えられたことも。「何組に行く御用事ですか？」と聞かれて、「あー、間違えてる」と。老《ふ》けた顔をしていたんでしょうね。

術後のリハビリで卒業前の１カ月半は学校を休んだので、６年生の最後の旅行とか、卒業関連のイベントが目白押しだったときに全部不参加となりました。が、学校では人気者だったので、みんながお見舞いに来てくれました。その間も、早く歩けるようになって卒業式に行くのだと、根性でリハビリに耐えました。

そして卒業式の日。松葉杖をついてハイヒールを履いて行きました。別珍《べっちん》のワンピースで頭にリボンを着けて、髪はロングで黒いハイヒール。壇上へは松葉杖を置いて自分の脚で上がりました。何の意地があったのかは忘れました――。

第2章

お嬢様学校の人気者

新入りなのに学級委員に

川村学園は幼稚園から小学校、中学、高校、短期大学、そして現在は大学まである〝エスカレーター式〟の一貫校です。

今は勉学にも力を入れていますが、私が入学した頃は〝お嫁さん学校〟と世間から言われていて、実際、短大を卒業する頃になるとお見合いをしたり、フィアンセとそのまま結婚が当たり前という雰囲気でした。

中学の授業が始まると、「今日は校庭にお花が咲きましたからみんなで見に行きましょう」という日もあって、「えー、予習復習してきたのに授業やらないの？」という感じです。勉強よりも、花を愛《め》でて、どうきれいなのか、どう感じたのかを話すことが大切です。はあー、下町とは違う。ふわふわしていて力の抜ける感じでしたが、新鮮でした。

ただ、一学期の学級委員に私が選ばれたときは、学校中がざわつきました。クラスの半分以上の生徒が幼稚園からそのまま上がってくる中学です。だから、慣例では小学校のときに学級委員を経験した人が、中学でも学級委員をやることになっていたそうで、外部生がいきなり学級委員というのは前代未聞《ぜんだいみもん》の事件だったようです。

学級委員選挙は5月の終わりぐらいでしたから、入学して2カ月近く経《た》っています。

小学生のときからずっと学級委員だったし、小さい頃から裸足《はだし》でそこらを走り回って、知らない家にお邪魔してお菓子を食べて帰ったりしていた子が花園のなかに入ってきた。真っ黒に日に焼けて野猿のように元気な子は、お嬢様たちには新鮮だったかもしれません。

中学で最初に体操着に着替えたときは、みんなきれいな下着で、早い子はブラジャーなんか着けていてびっくりしました。お弁当もギンガムチェックの布できれいに包んで、フルーツをかわいらしく切ってあるのも初めて見ました。

私の弁当はというと、新聞紙にくるまれていて、フタを開けたら肉とご飯しか入ってない真っ茶色。しかも冬は釣りのときに持っていく保温ジャーで、上がおかずで下がご飯の中身が温《あたた》かいやつです。どう見ても違いますよね。

本当にすごいお嬢さんがいっぱいいました。友達の家に遊びに行ったとき、あまりに立派なお屋敷でクラクラしました。「ああ、これが本物のお嬢様だ」、私なんかは、ニセモノだ、と思い知らされました。

親も入学してから、本物のお嬢さんが来る学校だったと分かったようです。

運動会の日に、所沢《ところざわ》の先にある学校のグラウンドまで母が車で送ってくれました。お嬢様ごっこしよう、なんて言いながら。

うちは普段の車の運転は母がしていて、当時、クラウンに乗っていました。ところが駐車場に着いたら、制服を着たお抱えの運転手さん付きのベンツや、ロールスロイスなどが、ずらーっと並び、それを見た母はスーッと車を降りて、大きな深い息を一回しました。その姿を今でも覚えています。

「へえ、いつもこうなの？」と言い、家からしてきたエプロンを取って「じゃ帰るね」と静かに言って帰っていきました。そのはっきりと肩を落としたうしろ姿にかける言葉も見つからなかった13歳でした。

大人に「バカ1」「バカ2」

２年に上がるときに親と先生の面談があって、母が家に帰ってくると「この１年間、学校で何かつらいことがあったの？」と聞いてきました。

「何にも。すごく楽しかった。どうしたの？」

「先生が頭を下げて、お嬢さんのことで勘違いしていたことがあって、つらい思いをさせたかもしれませんと謝ったの」

そういえば廊下を走るのやめなさいとか、髪形がどうとか言われたことはあったかな、でも全然許容範囲だと思っていました。ただマークされていた形跡はありました。

先生方としては、新入りの私がたった１、２カ月で学級委員に選ばれるわけがないと考えて、裏で「私に入れなさいよ」とか脅迫《きょうはく》したんじゃないか、という話になったらしいのです。いじめじゃないけど、幅《はば》を利《き》かせているんだろうと、ずいぶんチェックしていたようでした。

そういえば、ちょっとした揉《も》めごともありました。

英語の授業か何かで、質問されて分からなかったので「すいません、分からないです」と答えたら「勉強をやる気がないですね、廊下に出なさい」と言われました。きついですよね。クラスメートもみんな凍《こお》りついて、あ、やばい、これだと授業が進まない、出たほうがいいと思って「すいませんでした」と廊下に出ました。

そうしたら先生がすごく怒ってしまったんです。

あとで担任の先生と学年主任に呼ばれて「なんで外に出たんだ、そんなことをしたらあの先生がかわいそうだろう。そういうときには謝って教室に残るものだ」と。はあ？　出ろと言われたから出て、かわいそうなのは私では？　ああ、ここにもバカな大人がいるなと、また始まっちゃいました。

状況が分からないで、子どもを傷つけていく「バカ1」「バカ2」、さっきの先生を入れて「バカ3」。

クラスの子はみんな目撃していて、あれだったら誰でも外に出る、山田さんは悪くない、かわいそうにと言ってくれ、味方がいっぱいできて嬉しかったけど。

けれども1年経ったら、先生は母に謝ってくれた。「明るくて真面目《まじめ》なとてもいいお子さんです」と言われたそうです。幅を利かせていたわけじゃない、私は普通にしていただけです。

女子から愛を打ち明けられる

２年からは、何をやってもどっかんどっかんウケて、もう天下でした。

中学から高校まで同じ校舎で、１クラス50人、１学年４００人、３学年で１２００人、高校生も入れると２４００人が一緒にいます。これが噂《うわさ》から噂を呼んで、山田邦子ファンクラブができていきました。

「山田さん、こちらで紅茶なんかどお？」

「一緒に帰らない？」

「おうちに遊びに来る？」

後輩はまだしも、先輩まで果てしなくやって来るんです。面倒くさかったです。

授業をしているのに話しかけてきたり、下駄箱にお手紙がいっぱい入っていたり。

ときには、物陰からじっと見ていて突進して来る〝突進女〟もいました。

「交換日記してください！」と、しがみついてきたり。もうヒヤヒヤしちゃって。ひとりだと何があるか分からないので、仲間についてきてもらったりしていました。

高校2年生のときには、みんなを校庭に集めて、

「みんなは私のことを好きかもしれないけど、私は普通」と言いました。

そうしたらみんなまた泣いちゃって。何て面倒くさい学校――。

先生方も、もう中学2年からはすごくかわいがってくれました。

「じゃ、次の授業出なくていいから一緒に出かけよう」

「えっ、だって授業が」

「いいんだよ。ちょうどもうすぐハイキングだから下見に行こう」

先生と車に乗っちゃって、ここでじゃあ休憩ですね、うん、甘いものでも食べて行こうかと。このときは男の先生です。

女の先生も自宅まで呼んでくださったり、こんなのあげるからとお洋服をもらったりもしました。やっぱり私だけ貧乏くさかったのかしら。

中学から高校に上がるとき、先生がみんな来て泣いちゃって。高校を終わるとき

も、またみんなで泣いちゃって。同じところにある上の学校に行くだけなのに――。心配な子だったのかしら。そんな中学高校時代でした。

「のりこ・くにこ」で学校中の人気をさらう

中学と高校ではピアノやお習字を習ったり、ギターやマンドリンを弾いたり、ハンドボールをしたりと何でもしてみました。

ホームルームでは、ちゃんとその日の話し合いもするけれども、最後はいつもステージと化して、先生の真似なんかしてウケていました。

同級生にはおもしろい人たちが10人ぐらいいて、ものまねもするし、小話もうまいし、ネタも豊富です。いるだけでおかしい人もクラスにいて、これにはかなわないなと思っていました。そんなグループに入っていました。みんなは私が一番おもしろいと言ってくれたけど、おそらく真ん中ぐらいだった気がします。

お嬢さん学校だから、お楽しみ会のような機会がいろいろあって、学年で４００人とか、中学校全体で１２００人が講堂に集まります。そのたびに出し物の台本を書いて、演出したり、主役をやったり、歌ったりしていました。

アイドル全盛時代だったので、誰よりも早く新曲を歌いたい。土曜日に『8時だョ!全員集合』を見たら、月曜日にはもうそのギャグを言わないと遅れちゃう。誰も競ってないけれど、自分との戦いでもありました。

ビデオやDVDはなかったので、ピンク・レディーの振りも目で見て頭に焼き付けます。カセットテープに録音し、歌詞をメモして。雑誌の付録で歌詞本を手に入れてといった感じでした。

一番仲がよかったのは、竹内《たけうち》まりやのものまねが得意だったのりこちゃんで、中学からの親友です。2人ともボケもツッコミもできて、ものまねも違うネタでした。

学校で何か行事があると漫才コンビを組んで、人気がありました。もう一人りかこちゃんという子がいて、この子もおもしろかった。トリオ漫才もよくやりました。キャンディーズの真似をするときは3人です。

しだいに先生からも「次何やるの?」と期待されるようになりました。

ただ、学校なのでおもしろいばかりじゃだめだ、出し物のなかにひとつでいいから、何かためになることを入れなさいと言われたりします。仕方なく教訓めいたことか、ことわざを脈絡もなしに言うシーンを挿入しましたが、「無理やりだなぁ。インチキじゃないか？」と厳しい意見もありました。

ハイキングなどのお出かけ行事があると、もう朝からネタの仕込みで大変です。『ルパン三世』をやってみたり、おばけの話を作ったり、ピンク・レディー、世良《せら》公《まさ》則《のり》&ツイスト、狩人《かりゅうど》とかをのどが千切《ちぎ》れるぐらいものまねしました。

電車で移動中は車両の間の連結部分がステージになって、のりことくにこが背中合わせでネタをやり、クルッと回って「こちらのファンのみなさま、都《みやこ》はるみです」とかやっていました。先生に「おい、そろそろやる時間だろう」と催促されたことも。どんな学校だったんだろう。平和ですね。

休日には、井の頭公園にカセットデッキを持って行って、〝3人全員ジュリー〟もやりました。石でできたステージがあり、誰でも勝手に上がれ、お散歩中の乳母《うば》車を押したお母さんや、観衆がどんどん集まって拍手してくれました。またあそこでやろうねと打ち合わせて、日曜日になると行っていました。

私はファンというより自分も芸能人みたいな目線で、『ザ・ベストテン』などの歌番組を見ていました。沢田研二《さわだけんじ》さんや西城秀樹《さいじょうひでき》さんが大好きで、どちらかと付き合って結婚できると本気で思っていました。普通はそうは思わないそうですね。あとで分かりましたが、芸能人になる人はそういう勘違いの人が多いようです。

修学旅行に父が付いてきた

楽しい学校生活でしたが、じつはわが家は外泊禁止で、学校で行くお泊まり旅行にも行けませんでした。父が、お兄ちゃんはいいけどお前は女だからだめだと言うんです。

「俺の言う通りにしろ。それがすべて、以上」

あるとき、水泳の試合会場まで来て、何が気に食わなかったのかいきなり「邦子、帰れ」と言われて帰されてしまいました。

一生懸命練習してきた試合の当日ですよ？　体育大学を出ている水泳部の先生にも「お前、どこの小僧だ」と小僧呼ばわりです。父は日本水泳連盟の理事もしていたので、水泳のことになるとことに態度が大きかった。

だけど先生に対して最低ですよね。親がそう言うなら仕方ない、じゃ帰りなさいと先生にも言われ、合わせる顔がありません。あとでうんと謝りました。先生は、「お前も大変だな」と分かってくれました。

でも仲良しの子たちにはご馳走《ちそう》したり、何か買ってあげたりするから評判がよくて、「山田のお父さん、いいよね」となります。何だかなぁ。

それでも高校の修学旅行だけはどうしても行きたくて、お願いにお願いを重ねて、親の言う通りに過ごし、一生懸命勉強もしました。

この人生の一大イベントを逃したら思い出がなくなる、もう最悪だと思って。それでやっと「まあいいだろう」ということになりました。

だけど父は京《きょう》都《と》まで付いて来ました。お寺を歩きながらパッと横を見ると必ず父がいました。夜になったら宿にも来ました。

「ちょうど近くに来たから」とか言って。ちょうどなわけがないでしょうに。父はこのあと私がデビューしてからも、芸能界の先輩方に対しても、いろいろとやらかしてくれます。

父のせいでギャンブラー家族に

父は自分が私を連れて行きたいときは、学校を休ませて北海道《ほっかいどう》から沖縄《おきなわ》まで一緒に出かけました。営業の仕事をしながらです。小さい頃からゴルフ大会、麻雀《マージャン》大会などいろんなところに付いていって、おじさんたちにかわいがられました。

「ここで待ってなさい」と言われて料亭でポツンとひとりでいたり、競馬の馬券を一緒に買いに行ったり、不思議なことやおもしろいこともたくさん経験しました。私がいると都合がよかったのかもしれませんが、詳しくは知りません。

父は競馬の馬主にもなっていました。馬がよく走ったので、きょうだい３人とも私立の学校に行けたんじゃないでしょうか。

見栄っ張りのギャンブラーだから、馬券が当たったとなると、日曜日の晩はお寿司屋さんに家族全員で行って、カウンターで好きなものを注文します。ところが外《はず》れると母が寸胴《ずんどう》の鍋を出して、具もねぎも入っていない素うどんを作り始めます。外から遊んで帰ってきて寸胴が出ていると、今日は馬が外れたなとすぐ分かりました。

何でもすぐ賭けようと父が言うせいで、家族で花札も麻雀もやりました。

弟は8歳も離れているから邪魔にされて、麻雀も最初は弱かったのですが、悔しがってひとりで三人麻雀みたいなのをやっているうちにどんどん強くなり、とうとうプロの雀士になってしまいました。

子ども相手でも父はきちんと勝ち負けやその金額をノートにつけて、私は一時期マンション一軒分ぐらい負けていました。もちろん踏み倒しましたけどね。

短大で芸能活動は禁止

短大に入ると、のりこちゃんに誘われて早稲田大学の寄席《よせ》演芸研究会に入りました。学校が目白にあって、早稲田大学は隣の駅の高田馬場《たかだのばば》が最寄りなので近場でした。それまではただの学校の人気者だったけれど、ちゃんと「どーもー、のりこです、くにこです」と舞台に出るようになったのはこのときからです。

川村学園は、芸能人の子どもも結構来ていました。2学年上で、生徒会長や運動部のキャプテンによくなっていた五社巴《ごしゃともえ》さんは、映画監督の五社英雄《ひでお》さんの娘さんです。俳優で『川口探検隊』の川口浩《かわぐちひろし》さんと女優の野添《のぞえ》ひとみさんのお嬢さんは、確か1学年下です。川口浩さんは、父に連れられて競馬場の馬主席に行くといつもいるので、小さいときから知っていました。

梅宮辰夫《うめみやたつお》さんもよく学校に呼ばれて来ていました。何か問題があると最初はお母さんが呼ばれて、お父さんが来るようになるとさらに厳しく言われます。梅宮アンナちゃんは後輩です。かわいらしかったですね。結局退学しましたけれど。

それから佐久間良子《さくまよしこ》さんも川村学園の大先輩です。今も本当におきれいです。学校関係の集まりにもお出ましになりスピーチをされて、声をかけられると今でも思わず背筋を伸ばして「はいっ」と返事をします。

ところが、こんなに芸能人の娘が多い学校なのに、芸能活動禁止でテレビに映ったりすると退学になってしまうのです。

のりこちゃんは生徒会長もしていたのに、こんなのがあるからと寄席演芸研究会のことを調べてきて、ずいぶん大胆だったなと思いました。

のりこちゃんは３人姉妹で、お姉ちゃんも妹も生徒会長で、水泳部でもキャプテンでした。私はいつものりこちゃんのそばにくっついている感じでした。

その後、私がテレビに出るとなったときに、てっきり「のりこ・くにこ」で出演するのかと思っていたら、「お嫁さんになるんだから、こういうのはだめなのよ」と言われてしまいました。

それでピンでデビューすることになったわけですけど、のりこちゃんはお母さんになってから、「私ももっとふざけたことをいっぱいすればよかったわ」と言っていました。

テレビに出演して芸の幅を広げる

短大の栄養士コースに進んで、東大病院やアサヒビール工場へ実習に行きました。栄養価計算の事例を作り、論文を書いて栄養士の資格を取りました。それとともに素人で芸能活動が始まりました。だから忙しかったです。髪形も服装も自由になったから、ばれないだろうと思っていました。

テレビに出たら退学と思っていたから、最初は雑誌が主催する学生対抗お笑い勝ち抜き合戦などに出ていました。そこで毎回勝つからファンができて、学園祭にも出ているうちに、「テレビに出ない？」ということになりました。

早稲田の寄席演芸研究会には、テレビ番組の学生対抗チャンピオンのような人が何人もいて、アルバイトの仕事が次々と舞い込んできました。「5分間のネタでテレビ東京、出る人いますか？」「出まーす」といった感じです。

そこで名前と学校名を変えてテレビに一度出ると、あれを見たんだけどこっちのバイトもやらないかと声がかかり、芋づる式にほかの番組にも出ることになりました。

「みなさま右手をご覧ください。一番高いのが、中指でございます」

やがて定番となったバスガイドのネタができたのはこの頃です。

それまでは「魔法使いサリーちゃん」のまねが十八番《おはこ》で、「ゲゲゲの鬼太郎」「ルパン三世」、アイドルのものまねなど万人受けするネタをやっていました。ところが当時ＮＨＫでは、ＮＨＫの番組以外のマンガはネタにしてはいけなかったんです。

アニメという言い方もまだなくて、「民放のマンガはだめね」と言われました。今は何でもありの時代になりましたけど。

それでＮＨＫに行くと朝の連続テレビ小説のパロディなんかをやっていましたが、ふと、女の職業をやったらどうかと勧める人がいて、いいヒントをもらいました。このとき、「そうだ、バスガイドがいい」とふと思いつきました。このネタができたから芸の幅が広がって、だいぶ楽になりました。そういえばプロでデビューしたのもドラマの看護婦役で、やはり女性の職業です。

テレビ番組に出るようになってから、放送作家という存在を知りました。

その先生が「君、こういうネタをやったらどう？」とか、「サリーちゃんだって？何それ」と言ってくるので、何だこのおじいさんは、迷惑だなと思っていました。でも考えてみると、なるほどなと思えるようなことを教えてくれます。

それに時間にも厳しくなりました。学校では好き勝手にやっていましたが、５分でとか３分でと言われます。それに合わせてきっちり作り込んでいくと、今度は現場で「押してきたからこことここを削《けず》ってくれる？」と急に注文が入ることがあり、途中を飛ばすのでわけが分からなくなって、それが逆にまたウケたりもしました。やはりプロは学校とは違うなと少しずつ学んでいきました。

お笑い番組で賞金稼ぎ

しまいにはタモリさんやたけしさんの番組とか、いろんなお笑い番組に顔を出すようになりました。３分間で5万円だ10万円のギャラで、振《ふ》り袖《そで》の着物がもらえて、海外旅行に行ける。賞金稼ぎ、賞品稼ぎです。そんなアルバイトはほかにありません。

池袋《いけぶくろ》の三省堂《さんせいどう》書店でもアルバイトをしていましたが、レジに立っていると「テレビに出てた子だよね？　サリーちゃんやってよ」とか言われ、追っかけの人も来るようになっちゃって、倉庫の整理に回されました。でもお店にも頼まれてポスターにサインもしましたね。ほかにもアルバイトや水泳のコーチなどもしていましたが、テレビのほうが忙しくなり次々に辞めました。

とうとう川村学園出身の人から学校に連絡があって、テレビに出ているのがばれてしまいました。

そのとき短大の2年生で、親が決めた建設会社の就職も決まっていました。でも同時にドラマ『野々村病院物語』にもデビューすることになっていました。

「卒業と同時にスタートするから、ちょうどいいんじゃない？」と誘われ、「誰が出るんですか？」と聞いたら、あの夏目《なつめ》雅子《まさこ》さんだといいます。

「そうか、私もかわいいから声をかけられたか」と、同格みたいに錯覚《さっかく》し、ＯＫしていました。


　なので、もうデビューが決まっているから就職活動だと思ってもらえないでしょうか、とダメ元で学生課に頼んでみました。するとなぜか先生方もみんな喜んでくださり、応援してくれました。卒業生の方々には先生たちから説明するからということで、真面目にがんばりなさいと言われ、退学にならずに無事卒業することができました。学校のことも一生懸命やっていてよかったと思いました。

内定先には１日も出社せず

　就職が決まっていたのは西武建設という会社です。そこで仕事をしながらドラマにも出演しようと思ったんですが、結局は無理でした。

西武建設は父のところよりもずっと大きな会社です。池袋にあるサンシャイン60の高層階に本社があって、西武系ですから野球チームがあり、鉄道やホテルの関連会社もある。となれば旅行は安くできるだろうし、運がよければ野球選手の奥さんになれるかも。そんな調子のいい考えがどんどん膨らんでいました。

採用面接に行くと、会場には10人ぐらいのお嬢さんがいて、なかにクラスメートもひとりいました。「あら、あなたも一緒なの、心強いわね」なんて言って。でもその年は私ひとりだけの採用で、私が入社しなかったので新入社員ゼロになっちゃったんです。面接に来ていたみんなにも悪いことをしました。

もうお笑い番組にバンバン出て、履歴書には寄席演芸研究会と書いてあったので、面接官の方から「こちらを職業にしないの？」と聞かれました。「いいえ、趣味ですので、これでお金を稼いでいくという気持ちは一切ありません」と答えたんです。

内定の通知をもらって社長からお祝いもいただいて、制服も作って、身体検査も終わり、もらったお祝いも使っちゃって、あとは行くばっかりだったのに、1日も行かなかったんですからね。本当にひどいです。

西武建設には1年後に謝りに行きました。そのときはひょうきん族も始まっていて、みんなで応援していますと言ってもらえて「よかった！」と。でも、これもかわいく生まれたからだとまだ勘違いしていて。本当のバカです。

そんな経緯があったので、今でも西武系には恩義を感じています。誕生パーティ、出版パーティ、何かの表彰式、結婚式、すべて赤坂プリンスホテルにお願いしました。こちらも何かとご縁が続いて、ありがたいことです。

関口宏さんが父を説得して芸能界入り

ドラマに出るとなったとき、父が怒って猛反対しました。

それはそうです。父は苦労して娘のためにいい会社を紹介してくれたんですから。なのに、お嬢さん学校に入れて就職も決めた挙げ句にドラマに出るとは。

端役《はやく》だからずっとテレビ局に詰めているわけじゃないし、会社にも行けるから、お花やお茶を習いに行くのと同じようにお稽古《けいこ》ごとだと思ってほしいと言ったら、ふざけるなと怒鳴られました。今思えば、ずいぶんと親の顔に泥を塗ったと思います。

当時は携帯電話もありませんでしたから、夜9時とかにテレビ局から家に電話があると、「何時だと思ってるんだ！」と切ってしまいます。だから、ずっと電話の前にいて、かかってきたらすぐ取って「はい、何時入りですか？」という毎日でした。

そうしているうちに『野々村病院物語』の台本が届き、見てみると関口《せきぐち》 宏《ひろし》という名前があり、ラッキーだと思いました。

というのは、関口宏さんのお父さんで名優だった佐野《さの》周二《しゅうじ》さんも立教大学の出身で、学生で目立って活躍している運動選手を応援していました。長嶋《ながしま》茂雄《しげお》さんもそのひとりです。父は立教大学の水泳部の有力選手だったので、佐野さんの家に呼ばれてしばらくゴロゴロしたりしていたのを知っていました。そのとき関口さんはまだ小さくて、自転車に乗せて遊んだりしたと父は言っていました。

私が中学生のとき、父と2人で散歩していると、「あ、この家だ」と、父がつかつか入っていきます。それが佐野さんの家でした。

歌手で関口さんの奥さんの西田《にしだ》佐知子《さちこ》さんがいて、「2階で麻雀をしています」なんて。佐野さんは父を見るなり、「おお、来たのか、娘さん？　そうか。上がれ上がれ」と。テレビで見た佐野周二のままです。

それまで父から全然聞いていなかったのでびっくりしました。目の前に佐野周二がいて、その子どもでテレビに出ている俳優さんも家でゴロゴロしています。

もう芸能人なのか普通の人なのか分からない。頭の中がごちゃごちゃです。ご飯食べてけよ、ということでどんなご馳走かと思いきや、シャケと味噌汁のみ。大スターなのに質素。おいしかったです。

佐野さんと父は「久しぶりだなあ」といろいろ話をしていて、横で聞いていて学生時代にお世話になっていたことが分かりました。へーっ、知らなかった。お父さん、まだまだ隠していることがあるんだな、と。

ついでですが、中井《なかい》貴一《きいち》くんのお父さんの佐田《さだ》啓二《けいじ》さんにも会ったと父は言っていました。川原でトレーニングをしていると、佐野さんが、今度デビューするんだと連れてきたそうです。父は、「どう見ても俺のほうがかっこよかった」とか言って、大きく出たなと思いました。だって佐田さんはすごい二枚目俳優ですもんね。

中井貴一くんに会ったとき、じつは私たちのお父さん同士、会ってたんだよと話をしたら、そーかぁ、そんなことがあったのか、と感心していました。

それはともかく、父は関口宏さんのことは知っているはずだから、デビューの説得をしてもらおうと思い、リハーサルのときに関口さんに会いに行きました。といっても中学生で家に行ったときにはお会いしなかったし、それまで話したこともまだありません。

「私、この役で出る山田邦子といいます」

「ああ、そうなの。よろしくね」そのとき関口さんはまだ三十代です。若い。

「で、何？」

「中学生のとき、お宅にもお邪魔しました。うちの父はこういう者で」と名前を言うと、「へぇ！」っと。その「へぇ！」を聞いただけで分かりました。これはいけそうだ。

「じつは父が芸能界に入るのを反対しているので、関口さんから大丈夫だと言ってもらえないでしょうか」とお願いしました。図々しいですよね、こっちは端役なのに。

そうしたら関口さんが「いいよ、俺、会うよ。会いたかったんだよ」と二つ返事で引き受けてくれました。じゃいついつにここでと、赤坂《あかさか》の有名な「ざくろ」というしゃぶしゃぶの店を予約してくれることになりました。

うきうきして家に帰ると父に、まずドラマに関口宏さんが出ていると話しました。

「お、宏が出てる？　それで宏がそんなこと言った？　じゃ行こうかな」

偉そうに、宏、宏と呼び捨てです。

父はしゃぶしゃぶが大好きで、ざくろで２人ご馳走になりました。高級店です。

関口さんは「パパね、昔の映画の世界とは違って、今はスタッフもみんなきちんとしているし、お嬢さんも大丈夫だから」と話してくれました。そうしたら父は喜んじゃって「宏がそこまで言うならしょうがないな」と。それでやっとデビューできることになったんです。やったあ。

ところでデビューが決まってからうちの家族が『クイズ　１００人に聞きました』に出ようとなぜか言い始めました。何か家族みんなスター気取りです。素人参加番組なのでオーディションがあり、私も一緒に来いと言われて会場に行きました。

ところが「あれ、野々村病院物語に出てるよね？」とスタッフに見つかり、芸能人の家族はだめということでアウト。そうしたら兄が「お前がいるから出られないんだ」と文句をつけました。ムッとして「私なしで行けばよかったのに」と言うと、参加人数が5人でちょうどよかったからだって。そんなの知らない――。

兄はそのあとも諦めずに『クイズ・ドレミファドン！』に応募して、猛勉強して出場して優勝しました。

第3章

芸能界の多士済々

日程がかぶって勝ち抜きチャンピオンになれず

そういうわけで、プロとしての正式な芸能界デビューはＴＢＳドラマ『野々村病院物語』です。昭和56（１９８１）年5月放映開始でした。

短大を卒業するのとほぼ同時にスタートすると聞いて、その気になって誘われるままに始めたので、芸能界でずっと仕事をするということが、まだピンと来ていませんでした。

ただ、『野々村病院物語』の最初のロケが、フジテレビの『笑ってる場合ですよ！』の勝ち抜きチャンピオン最終日にぶつかってしまって出られなかったことは、今でも心残りです。素人が毎日続けて出るコーナーで、私は4日目まで高得点で、５日目のチャンピオンになれるかどうかという日でした。

お笑いの登竜門みたいなコーナーで、のちに人気者になった人はみんなチャンピオンです。

よく「山田邦子、『笑ってる場合ですよ！』でチャンピオンになる」と書かれていることがありますが、これは間違いです。

どちらを優先させるかについて、『笑ってる場合ですよ！』の横澤彪プロデューサーと『野々村病院物語』の武敬子《たけけいこ》プロデューサーが、事前に話し合いました。

横澤さんが「チャンピオンになる日なんですよ」と一生懸命言ってくださったけれど、武さんは「そちらは素人参加コーナーでしょう？　こちらはプロとしてデビューする最初の日ですよ」と。

それで横澤さんが、じゃあしょうがないねということで折れたので、残念ながら病欠という扱いになりました。

ところで、その日に出演したのはツーツーレロレロ（そのまんま東《ひがし》〔現・東国原英《ひがしこくばるひで》夫《お》〕がいたコンビ）でした。ですが、みんな私に期待していたのに出ないから、「えーっ？」となった空気のなかで登場し、その日で落ちました。申し訳ない。

だから東は、「あれ、ひどい日に当たったよ」っていまだに笑います。

役作りのために病院で働く

ドラマのそのシーンは、看護婦役の夏目雅子さんが夜勤明けで、私は寮から出て

「おはようございます」と言って線路脇ですれ違うだけのものでした。

初めての日だから一生懸命やりましたが、正直「このために？」とも思いました。

朝からロケ現場に行って、用意、スタート、はいもう一回、リハーサル終わり、通しで最終確認、そして本番。

『笑ってる場合ですよ！』は昼の生放送で、そのコーナーは5分もあれば終わりです。時計を見ては、「あーあ、5日目出たかったな」「今頃チャンピオンと言われていたかな」と、未練たらたら、尻切れトンボのような気分でした。

これで職業としてデビューするんだから仕方ないと分かっていても、なんとか都合は付けられたんじゃないかな？　とも思いました。20歳の新人でしかも端役なのに生意気ですね。

武さんは、その後『男女7人夏物語』シリーズをヒットさせた敏腕《びんわん》プロデューサーですが、お笑いはあまり見たことがなかったのかもしれませんね。

それにしても、当時のドラマづくりは本当に真面目にやっていました。

看護婦さんが多く登場するドラマだったので、ご協力いただける病院で役作りのためにみんなで研修して、本物の看護婦さんと同じように1カ月ぐらい働きました。そうしたら患者さんたちから、最近の看護婦さんはみんなきれいだねと言われ、そうか、やっぱりなと。別に私に言われたわけじゃないのに、その気になっていました。

夏目雅子さんと２人で電車に乗る

夏目雅子さんも、一生懸命に病院で看護婦さんの仕事をしていました。とてもガッツのある方でした。

まだ何もできない私にとっては、３つ年上の本当にいいお姉さんです。台本の読み合わせを手伝ってくれたし、プライベートでも化粧品の情報とか、どんな服を買うのかとか、分からなくなると全部面倒を見てもらいました。

「邦子、邦子」と妹みたいに気にかけてくれて、私は「雅子姉ちゃん」と金魚のフンみたいにくっついていました。人前ではちゃんと「夏目さん」と言いましたけど、愚《ぐ》痴《ち》を言い合ったり、一緒にふざけたり、いろんなことをしました。

夜、美容院がもう閉まっているのにシャッターを叩いて無理に開けてもらい、ブラシとドライヤーだけ借りて、「私たち、今夜どうしてもおしゃれして出かけないといけなくなったんです」と言って2人で髪の毛をいじって遊んだりしました（美容院は迷惑でしたよね）。

一度、『野々村病院物語』の主役の宇津井健《うついけん》さんの家に行こうということになり、あき竹城《たけじよう》さんと夏目さん、私とたこ八郎《はちろう》さんの4人で、新宿《しんじゆく》プリンスホテルの前で待ち合わせをしたことがあります。

何でたこちゃんがいたのか全然分からないんですが、そのたこちゃんが途中でいなくなって、あきさんが探しに行き、私たちはお花を買うことになりました。

でもあきさんもたこちゃんも全然戻って来ない――。そうしたら夏目さんが「もう置いて行っちゃおう」と言い出して、結局私と夏目さんだけで電車に乗って宇津井さんのところにお邪魔しました。

宇津井さんが以前ドラマで共演された山口百恵《やまぐちももえ》さんとの思い出の品や写真を集めた別館があって、お食事は専用のコックさんが作るレストランみたいなフルコースです。もうすごい緊張しまくって、謝らなくてもいいのに、なぜか「すいません、すいません」と何度も言っていました。で、「おいしかったねー」とまた電車に乗って帰りました。

２人で電車に乗るときは、一応帽子と眼鏡もしましたが、やっぱり見つかって周りがザワザワしたこともあります。でも雅子姉ちゃんは、「あ、どうも」とキラキラスマイルでやり過ごし、「普通のことができなきゃつまらないでしょ？」と言っていました。

昭和58（１９８３）年に私が花王名人大賞の新人賞をいただいたときは、花束贈呈のために劇場まで来てくれました。

私が相談すると、「いいよ、行ってあげる」と引き受けてくれたのです。

すると「夏目雅子が来た！」ということでみんなが盛り上がって、新人賞どころじゃなくなりました。すごいな山田邦子は、夏目雅子がお祝いに駆けつけてくれるなんて、と。私はアゴが長かった——いえ、鼻が高かったです。

間近で見ても、本当にきれいでした。クラスや近所にいるきれいな人とはレベルが違いました。美人女優と言われるような人は、手の先や髪の毛から性格まで、すべて美しいのだなと思いました。若くして亡くなってしまって、本当に残念です。

ドラマが終わってすぐにひょうきん族

ドラマは５月から始まって半年続きました。その間に、「お笑いをやっていたあの子だよね？」ということで、あっちこっちの集まりに呼ばれ、パーティの司会や、同じＴＢＳの番組に出たりするようになりました。

たけしさんの番組に出たり、ビクターからレコードも出すことになり、デビュー曲『邦子のかわい子ぶりっ子バスガイド篇』で有線大賞新人賞もいただきました。

『オレたちひょうきん族』が始まったのは、『野々村病院物語』と同じ昭和56（１９８１）年です。素人のときに出ていた番組の賞金をもらってなかったので、横澤プロデューサーに会いに行ったのが出演するきっかけです。

「久しぶり。あの子だよね？」

「はい、アルタで出させていただいた山田です」

「うん。ドラマ見てるよ。ところで今時間ある？　ご飯食べよう」

フジテレビ通り商店街のレストランでステーキをご馳走になりました。一切れ目をごくんと飲み込んだ瞬間に「秋からひょうきん族出ない？」と言われて。もう食べちゃったしなと思って、私としたことがギャラも聞かずに「分かりました」と返事しました。ドラマが終わるタイミングでもあったので、ちょうどいいなと。

ひょうきん族は、それまでは特番みたいな形で時々やっていて、デビルマンは高田《たかだ》純次《じゅんじ》さんでした。そして、いよいよレギュラー化されるときの一期生に私や明石家さんまさんが選ばれたのです。とてもうれしかったです。

激怒した武敬子プロデューサー

ひょうきん族が始まる頃、私はまだフリーでした。その少し前にドラマが終わりに近づいた頃、プロデューサーの武敬子さんが「そろそろ事務所に入ったほうがいいんじゃない？」と、ホリプロと浅井《あさい》企画の社長さんに会わせてくれました。

一方横澤さんは、たけしさんもいる太田《おおた》プロダクションを勧めてくれました。どうしようかなと迷いましたが、たけしさんの番組にも時々出ていたし、これからは横澤さんと仕事をするしと思い、太田プロダクションを選びました。

すると武プロデューサーが、私の顔に泥を塗ったと怒ってしまって、最後のほうは収録でも口をきかないし、目も合わせてくれなくなってしまいました。

それまでは、「邦子、一緒にご飯食べましょ」、今日は山岡久乃《やまおかひさの》さんと行こう、今度は宇津井健さんとね、と誘ってくださって、本当によくしてもらっていたのに。

そんなある日武さんに廊下に呼ばれると、ロッカーに手をつかれ、私はその背中をうしろから見ていました。何か映画のワンシーンみたいでした。

「邦子ね、こういうことをして私がもし石井《いしい》ふく子《こ》だったらこれで終わりだよ」と言われました。ところが私はそのとき、石井ふく子さんを知らなかったんです。へえ、すごい人がいるんだなと、とにかく「すいませんでした」と謝りました。

そのあとに大道具さんや照明さんたちに「こんなふうに言われました」と話をすると、みんなで「それは大変だ」「とにかく真面目に最後までやろう」「いつか分かってくれるから」と心配したり、かばってくれました。制作の方々にもとてもよくしていただきました。ありがたかったです。

太田プロダクションに入る

ＴＢＳの廊下で太田プロダクションの方が話しかけてきて、「月に20万円でどうかな？」と言われました。

でも私は、「それぐらいは自分で稼いでますんで、行かないです」と言いました。学生のときからネタをやってはお金がもらえたので羽振りがよく、当時から友達におごったりしていました。このときはドラマのギャラや単発番組でテレビに出ているのを足すと毎月20万円以上入ってきていたから、まだ21歳なのにクソ生意気です。

すると事務所の人が「えっ、ちょっと待っててね」とどこかに行っちゃって、10分ぐらいで戻って来ると「30万円でどう？」となりました。おそらく公衆電話で会社に連絡して決めたんでしょう。

え、いいの？　10万円の違いは当時大きい。それであっさり入ることにしました。

じゃ今度は事務所に行こうとなって。渋谷《しぶや》パルコの近くにある喫茶店で待ち合わせることになりました。でも業界の人って怖いんじゃないかと、当時のボーイフレンドをいっぱい呼んで、もしかして変なことになってたら合図するからとボディガードを頼みました。その喫茶店はガラス張りで、中の様子が見えたからです。

ところが行くと片岡鶴太郎《かたおかつるたろう》さんがいて、それまで鶴太郎さんのマネージャーさんとだけ話をしていたんですが、鶴ちゃんは「太田はいいよ、うちにおいでよ」と言ってくれました。待機していたみんなにも大丈夫そうだということで帰ってもらいました。

そして四谷《よつや》にある太田プロダクションの事務所に行きました。

そうしたら社長が、こっちをちらっと見ただけで、「女は面倒くさいからな」と言うのが聞こえたんです。すごく歓迎されるかと思ったら、そうでもなさそうです。

「何か社長、嫌そうですね」「いや違う違う」「そうですか。ならいいけど」と、第一印象は最悪でした。

現場のマネージャーさんは、女の人は子どもができちゃったり、恋愛したり結婚したりで休んじゃったりして、約束していた仕事ができなかったことがあるんだよ、だからうちで女は採らないことになってたんだ、と説明しました。

でもその磯野《いその》勉《つとむ》社長はいい人でした。もともと学校の先生だったので、全然ちゃらちゃらしていなくて真面目で、芸能界ではちょっと珍しいタイプです。

やがて会長になり、２０２０年5月にお亡くなりになりましたが、最後まで大好きな方でした。現場がスカウトしてきて、女の子がふらっと入って来たから心配されたんでしょう。娘さんもいらっしゃったので、それも真っ当な考えだったと思います。

でもそこで仕事をするうちに、女でも大丈夫じゃないか、ということになっていって、今では太田プロダクションにも女性タレントがたくさんいます。

たけしさんがようやく売れ始めた頃に事務所に入ったので、何かというとセットで現場に行きました。予算が多めについた仕事はたけしさん、鶴ちゃん、私の３人やツービートと私とか、〝おしゃれ小鉢〟と呼ばれ、なんでもセット売りです。

たけしさんからすると、何だこいつという感じだったと思います。今でも私のことは面倒くさいヤツと思ってるんじゃないかなあ。

そのうちひょうきん族でみんな忙しくなり、しだいに私も単体とかツーツーレロレロなんかとセットになっていきました。

ポッと出で何も分かってなかった

ひょうきん族が始まったときは、出演メンバーのなかで一番若かったかもしれません。だいたいみんな私より5歳ぐらい上でした。それでもみんな若かったですね。ほとんどのメンバーが20代。

私は芸能界に入ってすぐに売れたので、下積みの時期がない。師匠もなく、しきたりなども全然分かってない。気後れや物おじせずに、業界のなかに当たり前のように入って行きました。何がいけないかも分からないから、困りようもなかった。

とりあえず「おはようございます」と言うのはドラマの現場で覚えたけれど、「あ、たけしだ！」と素人丸出しで、誰が連れてきたんだこの新人、みたいな感じだったかもしれません。

あとでみなさんに聞いたら、腹が立ったと言っていました。何をやってもにこにこしているし、ＮＧを出してもうれしそうだし。

もっとも、ひょうきん族はＮＧの場面も番組最後の懺悔《ざんげ》コーナーに使うので、ＮＧでもＯＫというところがありましたけど。

現場はとにかくノリが大事。ネタ作りも、作家さんが考えてくれた台本を元に出演者がそれぞれやりたいことを言って、大道具さん、衣装さん、メイクさんたちもそれを聞いて、ああだこうだと一緒に盛り上がりました。そこから物語ができたり、替え歌が生まれたりもしました。

「ひょうきんディレクターズ」もデビューして、レコードまで出しました。一人ひとりキャラクターの衣装も作り、横澤プロデューサーも有名になりました。ディレクターやプロデューサーが視聴者の前に出ることは、それまであまりなかったので珍しがられてとても人気でした。

1日が終わればディレクターもプロデューサーも一緒に飲みに出かけて、そこで出たネタが次の週にはもう台本に書いてあったりします。なので台本をもらうと自分のネタが採用になっているか、出番が多いか、千切れるほど読みました。

けれど結局は収録前に出演者がみんな集まって、「昨日こんなことがあってさー」とたけしさんがワーッとしゃべって盛り上がって、「それじゃ本番」となります。台本を見ながらの綿密な打ち合わせなどは、ほとんどありません。

細かな打ち合わせがない分、勢いのある現場ですから、食いついていかないと突っ立っているだけで終わってしまいます。するとどんどんカットされちゃうので、必死に入っていかないといけません。そこは結構揉《も》まれました。

しがみついていくような毎日が刺激的でおもしろくて、濃厚な時間を過ごしていました。

不義理をした人たちとの和解

ひょうきん族からは、いろんなコーナーが生まれました。たけしさんの「タケちゃんマン」、島田紳助さんが始めた「ひょうきんベストテン」、明石家さんまさんと私の「ひょうきんニュース」、この３つは初期のメインコーナーでした。

「ひょうきんニュース」はいろんなニュースをパロディで紹介するもので、番組がスタートしたときから担当。ほかにもコーナーが次から次にできては消え、またできていきました。

私が今まで持っていた自分のネタもやりました。なかでもバスガイドのネタはレコードがよく売れて、回転数を落として聞くのが流行りました。男の人がしゃべったみたいでおもしろかったようで、なぜか札幌《さつぽろ》と新宿二丁目でバカ売れしました。ひょうきん族でもその歌を取り上げてくれたので、『邦子のかわい子ぶりっこバスガイド篇』は全国的になり、その年の有線大賞新人賞もいただきました。「ひょうきん絵かき歌」も自分のコーナーになり、「タケちゃんマン」や「ひょうきんベストテン」にも出るから忙しかったです。

昭和57（1982）年には芸能雑誌関連のゴールデンアロー賞新人賞、フジテレビの日本放送演芸大賞ホープ賞、その後は花王名人劇場で新人賞もいただきました。ひょうきん族の人気が上昇するにつれて、ほかの番組にもレギュラー出演するようになりました。

1年が経ち、『野々村病院物語』が終わるときに激怒したあの武敬子プロデューサーから電話が入り、「がんばったね」と。そして「横澤プロデューサーに面倒を見てもらってよかったよ。事務所の人にもよろしく伝えてください」とも。ずっと心配してくださっていたんですね。そこからまた武さんのドラマにも呼ばれるようになりました。

父も芸能界入りに猛反対して一時は口もきいてもらえなかったけど、父の大好きな時代劇のレギュラーが始まった頃から、「体に気をつけてがんばれよ」と言ってくれるようになりました。活躍しているのを見てくれたのか、人から話を聞いたのか分かりませんが、不義理をした人たちとも雪解けの季節を迎えることができました。

メンバーにご馳走したりものを買ってあげたり

ひょうきん族のメンバーはざっくり言うと、関西から来た人たちと関東勢みたいな感じでした。太田プロと吉本《よしもと》興業が多かったからかな。でもみんな仲良しでした。ケンカしているところなんか一度も見たことがありません。

たけしさんが座長ですが、紳助さんが「今日どこ行く？」とか「何食べる？」とよく声をかけてくれました。そのうちに関西の人たちも売れてきて東京にも部屋を持つようになり、引っ越し祝いは、「みんなで鍋をしたいから鍋を買ってくれ。植木とかいらんいらん、コップや鍋とかそういうもんがいい」と言ってきました。

そのうちに、ほかの人もあれを買ってくれこれを買ってくれと言い出して、仕事の合間にちょいちょいデパートなどに行って選びました。紳助さんには、「鍋が割れた」と言われて買い直したことも。

コント赤信号は関東勢だけど、劇団出身で貧乏だったから、リーダーに冷蔵庫を買ってあげたこともあります。みんなだんだん広い部屋に住めるようになっていきました。

俳優さんはだいたい割り勘で、よほどの先輩なら買ってもらったりご馳走になりますが、お笑いの世界は1年でもデビューが早かったら兄さんとか姉さんと呼ばれ、先輩がすべておごります。これは今でもそうです。何でそうなっているのか知らないけど。

リーダーやそのまんま東は私より年上ですが、私がおごるんです。いつか返してくれるだろうなと思いながら40年経っています。でもたけしさんにはみんなご馳走になっていました。

そんなメンバーたちもひょうきん族で売れてだんだん忙しくなってくると、いっぱしに悩みを持つようになり、「オレたち、これでいいのか？」なんて語り始めて、突然泣き出したりしていました。

男の人たちがみんなで泣いていると、私が泣かせているみたいな感じで、周りに見られるととても恥ずかしかったけど、青春ですね。

一番よく泣いていたのは、紳助さんかもしれません。自分のストーリーに酔っていくタイプでした。たけしさんもここぞというときは泣くんです、意外とね。それがまた母性本能をくすぐるんで、天性だからしょうがないけど、ずるいなと思うときもあります。

マスコミが扱いに困った肩書き

私は自分の名前が付いている番組、ゴールデンタイムの〝冠番組〟をたくさん持っていたので、「初めて成功した女ピン芸人」と、よく言われるんですが、本人にそういう自覚はありません。

以前は「芸人」というのは浅草《あさくさ》などの演芸場に出ている人たちのことであって、私たちのことを言うなら「色モノ」とか「お笑い」という言い方がしっくりきます。職業欄に書くときはタレント。

色モノは、メインのショーやお芝居に色を添える引き立て役のイメージがずっとありましたが、今はその色モノがメインになる番組が増えて逆転しました。

今みたいにあれもこれも「芸人」と言うようになったのは、２０００年を越えたぐらいからです。だから自分のことを芸人と言われれば、まあ芸人なんだろうけれど、あまりピンとこないんですね。

女の人もひょうきん族に出てなかったわけじゃなく、今いくよ・くるよさん、春やすこ・けいこちゃん、クルミ・ミルクちゃん、女優さんやモデルさんもぞろぞろ出ていました。

そのなかで女性ピン芸人と言われたわけですが、ピン芸人自体があまりいなかったんです。今はいっぱいいますけど。

それで新聞とか雑誌は、私をどう扱ったものか悩んだ時期がありました。ゴールデンアロー賞などいろいろな賞をいただいたときも、部門分けができずに困っている感じでした。だって、ドラマでデビューしているけど、その前からお笑い番組にも出ていて、ひょうきん族がとても人気があったから括りとしてはお笑いなのか？　レコードも出して新人賞をもらいましたが、歌手というわけでもありません。

でも私のなかでは別に分けて考えずに、山田邦子は山田邦子であって、それ以外の何かじゃないという感じでした。

生粋《きっすい》の芸人じゃないかもしれないけど、多方面で売れているのは事実。それを素直に認めてくれたらいいのに、「山田邦子」という部門でいいのに、と思いました。

ちょっとドラマに出ると、「山田邦子女優に転身」とか、「お笑いは卒業」とか、やたらと書かれてしまいます。お笑いをやっていてがんばったから女優さんになれた、とか、どっからそんな考えになるんだろう――。

そのうちにマルチという言葉を誰かが持ってきて、マルチな才能を発揮してとか言い出しました。その次にファジーな魅力とか。そして結局はバラエティという言葉に落ち着いて、今はみんなが言うようになっています。やれやれです。

ＮＨＫに出たら銀行でローンが組めるようになった

そのうち銀行でお金を借りることになったとき、「ＮＨＫに出ていますか？」ということまで聞かれたので、へぇーと思いました。

私は不動産に一切興味がないのですが、あるときから親が不動産を買うように勧めてきました。「あなたを将来助ける資産になるんだから」と、財テクの専門家みたいなことを言って、契約するのに本人がいないといけないので、母と一緒に銀行へ行ったりもしました。

銀行で、「15年ローンです」「はい分かりました」という会話をします。すると母が、「15年しか組めないの……」と口を挟《はさ》むので、銀行の人にどういうことか聞くと、「山田さんは芸能人で収入の保証がないから長期のローンは組めないです」と言います。なるほど、その通りじゃんと思いましたが、親はがっかりしたみたいでした。

でも朝の連続テレビ小説でＮＨＫに出るようになったら、銀行もいくらでも貸します、どうぞどうぞとなりました。今はどうか分かりませんが、その頃はＮＨＫへの出演が、信用のバロメーターになっていたようでした。

そんなこんなでローンが組みやすくなると、母は「ずっとＮＨＫに出てね」と言いました。

まあ一番身近な素人さんですね。それからは、母は「もうコマーシャルとＮＨＫだけやればいいのに」とずっと言っていました。会計をしてもらっていたので、ギャラの大小を知ってそう思ったんでしょうね。人の苦労も知らずに、はぁ〜、ですね。

人気者は自分で買ってはいけない

事務所からもらう給料は、カードも持っていない時代なので毎月末に現金で手渡しです。ずっと働いていて休みが１日もないから、お金は貯まっていきます。使い途《みち》が分からなくて、１回のお食事で２００万円払ったことがありました。

10人ぐらいでふぐ料理の店とかで思い切り食べて飲んでどんちゃん騒ぎをしたら、それぐらいいっちゃうんです。それもキャッシュで払っていました。当時は金銭感覚がおかしかったですね。

たけしさんがあるときロレックスのすごくいい腕時計をしてきて、みんなでいいなあと言いながら、1回ずつ着けさせてもらいました。

さっそく次の日に、同じ時計の女性用を買いに行きました。

私はお揃いでうれしかったのに、たけしさんに見せると「無駄づかいするな」って一蹴されました。「これはごひいきさんに買ってもらったものなんだ。人気者はこういうものを買ってもらえるようにならなきゃだめだ」と言うのです。

シュンとして、なんだ先に言ってくれよと思いました。

そのときの時計はキャッシュで１３５万円。一番最初の大きな買い物です。今も大切に取ってあります。腕時計ってせいぜい1万円くらいのものしか持っていなかったので、びっくりしちゃいました。それからは俳優さんやお金持ちの人を見ると、みんなロレックスの腕時計をしていることに気がついて、そういうものだったのかと知りました。

でも、普段の服装は質素でした。ジーンズとトレーナーぐらいしか持ってなくて、ひょうきん族のメンバー全員も同じような格好でした。

ある日、誰かがルイ・ヴィトンの大きいボストンバッグを買って持ってきました。

衣装がたくさん入って3日や4日の仕事なら大丈夫で便利だからと言って、見せてもらいました。関西勢は、現場にマネージャーさんが付くことが少なく、ひとりで動くから大きな鞄《かばん》は便利です。

そうしたら、さんまさんも紳助さんもそのボストンバッグを買ってきた。私も買いました。肩からかけるのがかっこいいと言って、みんなまねしちゃって。まだルイ・ヴィトンも今ほど高くなくて当時3、4万円くらいです。

ジーパンとトレーナーで、ヴィトンを持って腕にはロレックス。そんなひょうきん族の頃がなつかしいです。

全員集合とひょうきん族のリハーサルは大違い

『オレたちひょうきん族』の視聴率がよくなると、『8時だョ！全員集合』の裏番組だったので、世間では土曜8時の「ドッパチ戦争」とか、TBS対フジテレビと言われましたが、やっている当人たちにそういう意識はありませんでした。

ザ・ドリフターズは大先輩だし、ライバルと考えたこともありません。だって赤信号だってさんまさんだって私と同じで、みんなドリフターズの番組を見ていて、「ちょっとだけよ」とかクラスでやって人気者だったはずだから。

『野々村病院物語』に出ていたとき、同じＴＢＳの『８時だョ！全員集合』のリハーサルを見に行ったことがあります。ザ・ドリフターズのメンバーに会いたかったし、ドラマのリハーサルでもよくしゃべったり笑ったりしていましたから、さぞやおもしろいことをやっているんだろうなと期待して。

　ところが部屋のドアを開けたら、メンバーのほかにも人が何人もいて、たぶん作家の方やプロデューサー、ディレクターだろうと思いますが、誰もしゃべってなくて考え込んでいる。こんなに真面目にやっていたのかと驚きました。

　あまりにシーンとしていて、クレージーキャッツの植《うえ》木《き》等《ひとし》さんじゃないですが、「お呼びでない、お呼びでない、こりゃまた失礼いたしました」という感じになり、知り合いのスタッフにだめだめ、出て行きなさいと合図されて退散しましたが、完全に場違いでした。

　あとで聞いたら、みんなで考えながらとことん作り込んでいたそうです。

なので全員集合は、よっぽどのアクシデントがないとアドリブはなかったかもしれません。ただテレビで見ている分には、生放送でトラブルがあるとおもしろかった。停電になって、茶さんと志村さんがどこかから懐中電灯を持ってきて互いに顔を照らしながら生放送を続けたり。あれはチームワークの賜物《たまもの》でしょうね。

そこへいくとひょうきん族のリハーサルなんか全然シーンとしてないし、みんなが1週間何をしていたかとか、たけしさんが笑い話をして盛り上がって、「ハイ、本番」となります。

企画会議はスタッフがやっていたでしょうけど、私たちはネタを出してはいいね、いいねと盛り上がっていました。台本も「ひょうきんニュース」はちゃんと書いてありましたが、「ひょうきんベストテン」はやる曲のビデオを渡されて、「来週までに覚えといてね」で終わり。番組の作り方が全然違いました。

全員集合はひょうきん族が続いていたときに終わりましたが、ドリフターズはその後もフジテレビで『ドリフ大爆笑』をやっていました。

だからフジテレビでちょくちょくドリフターズの人たちとも会うようになり、いかりや長介さんが私のクイズ番組に出てくれたり、ドリフのメンバーとも仲良くなりました。ドラマでクレージーキャッツの谷啓《たにけい》さんとご一緒したり、植木さんとお会いしたりできるようになりました。

別に本人たちには対抗意識はなかったので、周りの関係者が煽《あお》って盛り上げていたんですね。

普段は物静かな志村けんさん

志村けんさんとお会いしたのは、たぶん新宿二丁目の「ひとみ」という店が最初です。芸能人が夜な夜な集まって、芸能事務所の社長さんも来ていたと思います。

私たちもよく行きました。居酒屋というかお寿司屋さんというか、定食もあっていろんなものが食べられて、おかみさんやお店の人にとてもよくしてもらいました。混んでいるときは、個室に入っちゃいなさいって計《はか》らってくれたり、居心地がよかった。

そこでたまたま会えば、やあやあという感じで盛り上がって一緒に朝まで飲んだり、駄洒落《だじゃれ》をずっと言い合ったり、近況報告をしたり。

音楽や映画関係の方も含めて、ここに行けばこの人がいるかな、ああ、いたいた、という店が当時はほかにも3、4軒あり、毎晩のようにはしごして、松田優作《まつだゆうさく》さんや原田芳雄《はらだよしお》さん、タモリさん、山下洋輔《やましたようすけ》さんなどなど錚々《そうそう》たるメンバーと夜な夜な騒いでいました。みんな元気でしたね。

その後ひとみは潰《つぶ》れてしまうのですが、多分みんなが食い潰しちゃったんじゃないかなと、今さらながら申し訳ない思いです。

志村さんには〝ひとみばあさん〟という名物キャラクターがありますが、たぶんあのひとみからだと思います。志村さん、結構気に入ってやっていました。

志村さんは、自分からわあわあ言う人ではなく、ずっとにこにこして焼酎を飲んでいました。麻布《あざぶ》とか西麻布のバーとかクラブで会うときは、ブランデーのグラスを傾けていました。普段はもの静かで、テレビの志村さんとは違う感じでした。

たけしさんは、志村さんとは少し違います。やっぱり漫才だし、反射神経でしゃべるタイプです。あの日ドリフターズのリハーサル室をのぞいたときのシーンとした、作り込んでできる笑いと、ひょうきん族のぶっ壊していく笑いとの違いでしょうか。

酔っ払って志村さんに言ったひと言

　デビューして10年ぐらい経っていたと思いますが、麻布かどこかでひとりで飲んでいた志村さんとばったりお会いして、サシでお話ししました。

「最近どうだ？」と聞かれたので、あこがれていたジュリーとコントをやっておもしろかったとか、なんとか共通の話題を探して話しました。

　そのうちに私は酔っ払って、「志村さん、かっこいいですよね」「私は志村さんのことが好きです」と言い、続けて、

「世の中で三番目に好きです」と言いました。

　ちょっと間《ま》があってから、志村さんが笑いながら「なんで一番じゃねえんだよ」とグラスを手にボソッと言うので、あ、私は先輩に失礼なことを申し上げた!!　と気がついたんですけど、このお調子者の口は止まりません。

「だってたけしさんがいて、田原俊彦《たはらとしひこ》もいて、その次ですよ？　すごくないですか」

若気のいたりで、普通は出てけと言われるような内容ですが、笑って流してくださりました。さすが志村けん！

さらに、調子に乗ってバカ殿のコントにも出してくれとお願いすると、

「ほんとかよ、出る気あんの？」

「全然ありますよ。腰元《こしもと》で白塗りして出たい」

「まじかぁ」

残念ながらそれは叶《かな》わなかったですが、失礼なような、幸せな時間でした。もう一回、志村さんに会いたかったなあ。

恋バナを聞かされたり連絡係になったり

西川《にしかわ》きよしさんの弟子の西川のりおさんが、師匠の悪口を言った方に食ってかかろうとしたら、きよしさんが走ってきて、「のりお、やめとき」と逆にのりおさんをグーで殴った、みたいな話があって、のりおさんは腑《ふ》に落ちないようでしたが、私は師匠がいないからいい話だなあと思ったり、楽屋では、みんなでそんないろんな話をよ

くしていました。

そのうちにみんな人気者になってモテるようになると、アシスタントのお嬢さんやモデルさんがどうだとか、女の子の話ばかりするようになり、私はよくその仲介役に使われました。

女性からも、「あの人誰かと付き合っているの？」とか、この手紙を渡しておいてくださいと頼まれたりします。

メンバーが、今日は飲みに行ってみんなで恋愛話をするぞと盛り上がると、その場にも付き合わされました。

「どうやったら結婚できるのか？」「分かんない」

「どうしたらモテるのか？」「そのままでいいんじゃない」

みんな私より年上なんですが――。

なかでもたけしさんは別格でモテましたから、女優さんやタレントさんから、たけしさんに会いたい、これたけしさんに渡しておいてとか、たけしさんとお食事したいから何とか都合をつけてくれないか、とかよく頼まれました。

それをたけしさんに伝えると、「いいよ俺、恥ずかしいから」「じゃお前も一緒に来い」と。やっぱりそうか、面倒くさいな。それでもセッティングしたりしました。
寝る間がなくて本当に忙しかったのに、そんなこともしていたんですね。

父がひょうきん族の現場に乱入

あの頃は今と違ってテレビ局の現場はセキュリティも緩《ゆる》く、本番が始まってもスタジオにズラッと見学の人が来ていました。これはたけしさんのご一行、こちらはさんまさんが呼んだ人たちなど、何となく分かります。のどかな時代です。

同じ曜日に『夜のヒットスタジオ』も生放送をしていましたが、そっちは対応が厳しくて、のぞきに行ってはつまみ出されたりしていました。

あるとき、ひょうきん族で私が島倉《しまくら》千代子《ちよこ》さんの『人生いろいろ』を歌う日に、父がすごく喜んでスタジオに来てしまいました。島倉さんの大ファンなんです。

そうしたら、たまたま廊下でさんまさんを見つけ、「おい、さんま！　お前な、無人島で邦ちゃんと2人になっても絶対手を出さないとか言っただろう？　どういう意味だ！」と追い回し始め、さんまさんは父のことを知らなかったので、「うわー、怖い、誰やー」と逃げました。

すると今度は「鶴太郎！　お前、痩せてんな。ちっちぇな」と。そんなこと言わなくていいのに。もうみんな怖がって、廊下に誰もいなくなりました。

そのうちスタジオで本番になり、私が「死んでしまおうなーんて♪」と島倉さんのものまねをしていたら、カメラの横に父がいてうれしそうに見に来て、なんと間の悪いことに、その日に限ってご本人登場でした。私も知らなかった。島倉さんとは私もそのときが初対面です。

で、島倉さんと私が並んで歌い始めたら、番組を撮っている最中なのにカメラの横からステージに父が出てきちゃって、

「おお、島倉さん、昔っからあんたのファンなんだよー」（父）

「まあ、どなた？」（島倉さん、びっくりして）

「すいません、父なんです」（恐縮する私）

「あら、そうなの？」（島倉さん、ニコニコ）

「じゃあ3人で写真を撮りましょう」（父）

なんて言って、写真まで撮っちゃって。その写真は死ぬまで大事に飾ってましたけど。

その場面はオンエアもされ、スタジオではスタッフもみんな大爆笑だったけれど、ひょうきん族だからよかったんです。ほかの番組だったらたちまちクビです。許されないことです。大先輩に対して。

ところがそのことがあってから、島倉さんにすごく仲良くしていただくようになりました。ひょうきん族でお召《め》しになっていた着物もいただいたし、写真も一緒に撮らせていただきました。もう出ないと言っていた紅白歌合戦にも、その年の大晦日《おおみそか》に『人生いろいろ』で出場されて、その舞台衣装の真っ白い着物も、次の日の元旦には「お年玉よ」と言っていただきました。今も家宝です。

その後旅行にもご一緒して、温泉にも入って、私ががんになったと知ったときは一番に電話してきてくれて、「私もよ。大丈夫」と声をかけてくれました。

島倉さんが亡くなったときは、棺桶の中のお顔にまで触れてお別れをしました。

「島倉さん、さようなら」と。本当にかわいがっていただきました。

　父がスタジオに来た日のオマケですが、たまたま、やすきよさんの2人が廊下にいたんです。それをまた見つけて、

「おい、やすし！　お前、ボートやりすぎだろっ」

　すると横山《よこやま》やすしさんが眼鏡をクイクイさせて「誰や、誰やこれ、誰や」と言いながら逃げて行きました。怖かったんだと思います。

　西川きよしさんは「あ、邦子さんのお父さんですか、どうもお世話になってます」と丁寧にあいさつしてくれました。その頃、やすきよのお2人とはよく仕事をしていたのですが、きよしさんが大人の対応をしてくださってありがたかったです。

　そういえば徳光和夫《とくみつかずお》さんも立教で父の後輩です。しかもよせばいいのに父の建設会社で自宅を建てたらしいので、父が競艇場で会うと「おおい、徳光！」と呼ぶようになりました。顔が知られている人だから、周りに人がたくさんいるところでは静かにしていたいはずです。笑いながらですが、徳さんは、

「お父さん、でかい声で響《ひび》くから勘弁してほしいんだよ」

「本当にすみません」
「言っといてよね」
「言っても聞かないんです。逃げてください」
「うん、分かった、逃げるよ」

競艇場では坂上《さかがみ》忍《しのぶ》くんとも会って、「お父さんに、『おい、小僧』とか言われたよお。すごいんだよ」って。

競馬場の馬主席に大橋《おおはし》巨泉《きよせん》さんがいると、父は「おう、パラマス」とか声をかけていました。パラマスはうちの馬の名前です。私が小学生のときのことです。

デビューしてから巨泉さんに「パラマス」と言ったら覚えていてくれたので笑っちゃいました。私は巨泉さんのことを「ウッシッシ」と呼んでいましたが、さすがに巨泉さんから「山田、俺をウッシッシと呼ぶな」とダメ出しされました。

母も母で、私の公開録画の見学に応募してよく来ていました。ところが私が舞台でネタをやっているのに、客席でしゃべり始めてしまいます。
「あ、知ってるそれ」と。

嫌な客ですよ。すると周りが、お母さん来てるんだとざわざわし始めるから、またいい気になっちゃって、立ち上がって歌い始めたり。何様？　やめて、ほんと帰って――。

あるときからスケジュール表は見せないようになりました。

たけしさんからは多くのことを教わった

いろんな人と付き合いがあったなかでも、印象に残っているのはやはりたけしさんです。事務所も同じだったし、ひょうきん族の現場でも中心でしたから。

たけしさんにとって、私は何も知らないでくっついて来る邪魔な後輩だったと思います。でもたけしさん、鶴ちゃん、私の３人は、東京者同士でどこか通じ合うところがありました。おはようございますとあいさつしなくても、おう、とちらっと見るだけでいいような。そのへんは関西の人たちとはちょっと違っていたと思います。

普段たけしさんは多くを語らないけれども、時々ボソッと何か教えてくれます。あるとき食事のシーンで、リハーサルのときからばくばく食うなと言われました。

そのときは焼き芋で、本番前にいい形にしておこうとしていたのですが、たけしさんには普通に食べているように見えたみたいで「おい、それ本番に使うやつだろ。食うな」と注意されました。

私はドラマから入っているので、そのことも分かっていました。普通はＡＤさんとかスタッフが注意すればいいことなのに、たけしさんはそこまで気を配《くば》っている。改めていい人だなと思いました。

ひょうきん族でピン芸のネタをやり終えると、エンディングで大勢がわっと集まり始めても、もう自分の仕事じゃないと思ってうしろのほうにいました。

もともと最前列に出たいタイプではないし、もうやることはやったしと思っていたら、たけしさんにまた教わりました。

「それじゃだめだろ。いいようにカットされちゃうぞ。何でもいいから、アハハでもいいから間をつなぎなさい」

そういうものかと思って、間に割って入っていくようにしたらほかの人の話も聞けるようになり、司会の仕事が来るようになりました。

ただネタについては、たけしさんに限らず、ああしろ、こうしろという話はなかったです。あれおもしろかったね、ということはあるけれど、師匠でも何でもない同業者ですからね。

私は女子校にいたので、男役のネタや長渕剛《ながぶちつよし》、大友康平《おおともこうへい》、世良公則、矢沢永吉《やざわえいきち》といったものまねを結構やっていました。それを見ていたほかの芸人が「男のネタは男やないと」と言ったときは、女だからおもしろいのに、分かってないなあと思いました。その人はものまねがとてもうまい人だったので、私が下手だったから言ってくれたんでしょうけれど。

事務所の給料が歩合《ぶあい》制になったときのことを覚えています。歩合の意味が分からなくて、社員は給料だから歩合は外の人になるんだ、するともうクビなんだなと思い込み、たけしさんのひょうきん族の楽屋にお別れを言いに行きました。

「事務所に生意気なことも言っていたし、好き勝手にやっていたもんで、とうとうクビになると思います」

「なんだ、何かやったのか？」

「もう来月からは歩合だそうです。社長と副社長が楽屋に来て、頭を畳につくぐらいまで下げて、『今までありがとう』と言いました」

そう言うとたけしさんはニヤッと笑って、「まあ来月になったら分かるよ」とだけ言いました。それから半月ぐらい、暗い気持ちでいたんですが、翌月になるとたけしさんがなぜ笑ったか分かりました。もらう額がとても増えていたんです。

たけしさんは、こちらを見て、またニヤッと笑いました。

紳助さんにキャバクラに連れて行かれる

島田紳助さんは本当に心が熱い男で、吉本を辞めたときはいろいろありましたが、両親思いですごいがんばり屋で勉強熱心なのは間違いありません。関西から東京に来てあそこまでやれたのは、本人の努力ゆえです。

人懐《なつ》っこくて、邦子、邦子と何かにつけて話しかけてくれました。

地方に行くと、私はよくぽつんとひとりになってしまうんです。じゃあな、と男性陣がワーッと夜の街に消えていくのを見ながら、男だったら一緒に行けるのになと思っていました。

　ピンでやっていたのでひとりで過ごすのは慣れていて、ネタを作ったり本を読んだりして過ごしていましたけど、あるとき紳助さんが、今夜はお前も一緒に行こうと誘ってくれました。

「大丈夫、女の子もいっぱいいるところやから」と。

　その日は私の誕生日だったんです。

　で、連れて行ってくれて着いた先が、六本木のキャバクラです。

「どや？　女の子、いっぱいおるやろ」

「それはそうだけど。ねえ、バカ？」

「みんな楽しいんや、これが」そりゃそうでしょう。

「おいみんな、邦子の誕生日や」とハッピーバースデートゥーユーの合唱。その後みんなは女の子たちと話し始めて、私はポツーン。1時間に1回ぐらい思い出したように、「あ、邦子の誕生日や、おめでとう」の繰り返し。

　たぶん本気でお祝いしてくれようとしたんだと思います。いや、わざとだったかな。おもしろかったけど。

ウガンダさんの家はみんなの宿泊所だった

真夜中に仕事が終わって、それからまた遊びに行くこともよくありました。今は夜12時を過ぎるとスタジオなどが閉まるといった決まりがありますが、以前は30時、つまり朝6時まで収録することもありました。

2時3時に終わればまだやっている店を探して、店がなくなったら今度は邦子のうちに行こうと、ぞろぞろ集まってよく来ました。どの局からも近いし、ひとり暮らしだったので来やすかったんじゃないでしょうか。

勝手に冷蔵庫の中のものを食べたりしながら、一発芸をして、ウケなかったらアウトとか。カーテンを開けたらもう日が昇っていて、8時9時ぐらいにみんな汚い顔で帰っていきました。

人の家に泊まることが流行って、私もウガンダさん家に1カ月ぐらいいたことがあります。自分の家も近所だったのに。

ウガさんは美食家で、お料理も本当に上手でした。ウガ鍋と言って、とりあえず鍋を作っておいてくれる。すると、来た人が買ったものを継ぎ足して食べて、最後のほうはもう違う味になっちゃうんですけど、この鍋を食べるとみんな仲良くなるみたいなところがありました。

ウガさんもひょうきん族メンバーでした。マイケル・ジャクソンの「スリラー」のダンスをしたりして、太っちょだったけど動きが機敏でかっこよかったです。もともとバンドマンなので、外国の歌をみんなによく教えてくれました。

ウガさんと同じ渡辺《わたなべ》プロダクションの歌手の方とか女優さん、あとアスリートの方も、ウガ鍋を食べに来ていました。ウガさん家に荷物を置いて、ごろ寝して、ウガさん家から行ってきまーすと出かけたりしていました。

仕事がない人は掃除をしたりして、お帰りなさいとほかの人を待っている。今でいうシェアハウスみたいです。ゴロ寝ですけど、楽しかったですよ。

たくさんの人がウガさんにお世話になっていたんじゃないでしょうか。

ことに太っちょの人たちを束ねていて、もう石塚英彦《いしづかひでひこ》くんなんかは、ウガさんのことを崇拝していました。石ちゃんはウガさんの話になると今でも泣きます。本当にお世話になったって。カレーは飲み物だと言い始めたのもウガさんで、大食いのグルメの道を最初に切り開いたデブキャラの元祖です。

私もお鍋をウガさんに教わったし、いろんなところに連れて行ってもらいました。早く亡くなってしまったので、とても寂しいです。

そういえば若い頃さんまさんが、東京で住むなら私が寮長になって、小さい部屋でいいから、みんなが住めたらいいのにと、やけに言っていました。幸か不幸かそうなりませんでしたけどね。

なぜかいつもひとりで帰るさんまさん

さんまさんとは、ひょうきん族では「ひょうきんニュース」から一緒で、ピン同士だったのでコンビにさせられることが何度もありました。さんまさんはスポーツが得意で、若い頃はお酒を飲まずにみんなとは別行動が多かった。

飲みに行くときは、だいたいみんなたけしさんと出かけたがりました。

たけしさんがほかの用事や別のお座敷があると、紳助さんやウガンダさんに付いて行くか、スタッフの人と行くかというなかで、さんまさんだけは「お疲れー」と言うとパーッとひとりで帰ってしまいます。で、怪しいので〝こそこそさんちゃん〟と言われていました。杉本高文《すぎもとたかふみ》という本名で台本も書いていたから、ネタ作りもあったのでしょうね。スポーツが好きだったから、外国のバスケットボールやサッカーとかを夜中に見ていたようで、そんなときはカレーライスと缶コーヒーがあれば大丈夫な人です。

　今でこそお笑いでもハンサムな人はいますけど、そのときはまだあまりいなかったので、さんまさんはよくモテました。芸能人運動会に出ても走るのが速いし、かっこよかったですよ。だから笑い話で、みんなさんまさんに捨てられた女の子を次に拾っていくみたいに言っていました。

　紳助さんが女の人の格好をして、マンションの入口で、「お金じゃないのよ、さんまちゃん」と言いながらくるくる回って家の中に入っていくひょうきん族のネタがありましたが、実話から生まれたんじゃないかともっぱらの噂でした。

ニューヨークで『キャッツ』を熱唱

フジテレビが芸能人を２００人ぐらい連れて、ニューヨークのブロードウェイにミュージカルの『キャッツ』を観《み》に行ったことがあります。バブルになり始めた頃で、企画もバブルでした。

ひょうきん族から行ったのは、横澤さんと私とさんまさんの3人でした。さんまさんは飛行機が初めてみたいで、中に入ると急に座席の上に立ってズボンを脱いで、ジャージに着替え始めました。

「飛んでる時間が長いからな、ジャージに着替えろと言われたんや」

たぶん先輩とかにだまされたんだと思います。

さんまさんは、ニューヨークで買い物するにもどこにでも付いて来て、ずっとしゃべっていました。下着とかも買いたいのに、デパートにも一緒に来て「セクシイでんなぁ」と大声で言ったりして、何だかニューヨーカーにもウケていました。

ただ、肝心のミュージカルは寝ていて見ていません。キャッツのほかにも4作品ぐらいありましたが、ずっと寝ていました。

それで、起きてから「どんなんやった？」とみんなに聞いていました。

私はニューヨークに来た記念にと、ティファニーで指輪を自分用に買いました。それをキャッツの思い出にしたくて、その指輪を付けてショップの真ん中で「メーモリ～」と『キャッツ』の主題歌を口ずさむと、お店の人たちも笑っていました。横でさんまさんも笑っていました。

さんまさんは、そのとき人気だったオープンハートのネックレスを３本買ったので、お姉さんとお母さんと、あと誰かなと思って聞いたら、

「同じのをあげないと誰に何をあげたか分からなってまうからや」ですって。

日本に帰って、誰かオープンハートをしてないか探してみましたけど、分からなかったです。

それから道中で女優さん同士がケンカしちゃったときは、さんまさんが間に入ってなだめに行っていました。

「行ってあげなよ、泣いてるよ、○○○子さん」「そやな」と。戻ってくると「女優は大変やなあ」とつぶやいていました。

桃井《ももい》かおりさんが、ソーホーの行きたかったお店にも連れて行ってくれて、洋服を一緒に選んでくれました。桃井さんは小さいときにニューヨークにいたので英語がペラペラです。桃井さんがいなかったら、五番街をうろうろしただけで帰っちゃっていたでしょう。

泊まったのも、天井が高くてドキドキするようないいホテルでした。夜になると、さんまさんと、おすぎとピーコ、作家の先生などが私の部屋に集まって、お菓子を食べたりコーラを飲んだり、まるで遠足です。

「おれら、今後どうするんやろう？」「知らなーい。楽しいからいいんじゃない」

「女ひとりで大変やろ？」「全然」

「ほうかー」

そんなたわいもない話をして、ニューヨークの夜は更《ふ》けてゆきました。楽しかった。

コント赤信号のリーダーは大親友

赤信号のリーダー、渡辺《わたなべ》正行《まさゆき》さんはちょうど年頃が近かったので、この人の奥さんになるのかもと勝手に思っていた時期もあります。付き合ってもいないのに。

ナベちゃんはチャラ男のイメージがあるかもしれませんが、実際は千葉の山奥の田舎《いなか》から出てきた純朴な人です。

私と似ていて、小さい頃から自分と芸能界の境界線のないタイプです。

「ああ夕焼けがきれいだな」と思うと、立ち止まってポーズをとって目線を決めたり、空飛ぶ絨毯《じゅうたん》も本当にあると信じていたらしいです。そんな純粋さは今でも変わらないところがありますね。

ナベちゃんはスキーがうまいんです。教えてもらったこともあります。最近では昔やっていた剣道をまたやり始めて、東京都の年齢別代表に選ばれました。同じ年代の人たちががんばっているのはうれしいです。

今も２人で旅番組のロケに行きます。

もう何十年もこの仕事をしていますから、30分番組ならここところを押さえたら、あとはおもしろいネタがあったときに拾えばいい。そういうテクニックも分かっているはずなのに、ナベちゃんは全部拾っていきます。

「おっ、紙コップでお茶が出てきましたね」とか——。

おい、そこはいらないだろうとうんざりします。

仕事の開始時間も、「○時からね」と言うと、ぴったりその時間に来てから準備し始めるので間に合いません。だから1時間ぐらい早めに言っておかないといけない。

でも嘘だと分かるとその分また遅れてやって来る。きりがありません。60歳を過ぎた今もなので、さすがに時々腹が立ちます。

だけど純粋でいいリアクションをするので、結局私が損しちゃう。くそー、こいつには負けないぞ、とそんな感じ。なんだかんだでずっと親友です。

たけし軍団の一番弟子はそのまんま東

たけし軍団は年齢も近いので、今も仲良くしています。

一番弟子はそのまんま東です。短パンとランニングのランナーみたいな格好で袈裟《けさ》懸《が》けのポシェットを提げて、台本とかたけしさんの持ち物を持って付いていたんですが、2回ぐらいいなくなって、また戻ってきています。

その漫才の相方の大森《おおもり》うたえもんも、たけし軍団に入りました。

大森うたえもんは〝くんちゃん〟と呼ばれていて、所《ところ》ジョージさんが好きだった。ギターが上手で歌のギャグが好きで、太田プロダクションの所属だったので、山田邦子とツーツーレロレロのトリオで営業や遊園地、動物園へイベントに行くことも多く、すごく仲良しでした。

ただそのまんま東が遅れて来たりとか、私が買ってくれるからと言って衣装を持って来なかったりして、仕方がないので全部揃えたりしました。

食堂でご飯を食べていると、横にいた人とケンカしたりします。私が絶対に止めるから当てにしているんです。ケンカ相手の人に、「邦ちゃんも大変だな」と慰《なぐさ》められたこともあります。ケンカしている相手側なのに分かってくれる。いい人でしたね。

真夜中に出待ちして弟子入りした松尾伴内

ニッポン放送のラジオ深夜放送『オールナイトニッポン』にたけしさんたちと出ていたときのことです。

スタジオを出たところに柳の木があって、その下にモアイ像のような顔のヤツが立って出待ちをするようになったんです。松《まつ》尾《お》伴内《ばんない》です。

夜中の3時頃であたりは真っ暗。そこに18歳ぐらいのすんげえ顔のヤツがいつもいる。

たけしさんが、「いいか、目を合わすんじゃない。いっせーのせで振り切って車でバーッと行くからな」と声をかけて逃げるんですが、伴内は「弟子にしてください！」って追いかけてくるんです。

また来てるよというのが何週間か続いて、かわいそうになと思っていたら、あるとき急にたけしさんが「おい、中に入れ」と呼び入れて、それで弟子になりました。

そういうわけで伴ちゃんはたけし軍団に弟子入りしたときから知っていますが、真面目ですごくいい奴です。

伴ちゃんが入ってくると、今度はくんちゃんが所さんのところに行くようになって、東、伴ちゃん、私という時期がありました。そのうちにラッシャー板前《いたまえ》、ダンカン、柳《やなぎ》憂怜《ゆうれい》などなど、続々と増えていきました。

太田プロのタレントだった井手《いで》らっきょが円形脱毛症になってしまい、たけし軍団に入ってスポーツの番組を始めたら才能を発揮して元気になったので、ああよかったと思ったこともあります。

たけし軍団があれよあれよと膨らんでいったのは、『天才・たけしの元気が出るテレビ‼』とか『ビートたけしのスポーツ大将』あたりかと思います。スポーツをやる番組だから、人数が必要だったのかもしれません。

私は軍団じゃないのによく一緒にいて、たけしさんの訓示を一緒に聞いていました。お前とお前はこういうことを気をつけろとか、毎回結構いい話をするんです。でも真面目な伴ちゃんは緊張し過ぎて貧血で倒れたりしていました。

学校の朝礼じゃないいっつーの。

たけしさん不在になったひょうきん族

『オレたちひょうきん族』は平成元（1989）年まで8年間続きましたが、いろんなことがありました。

紳助さんが途中で大きな病気になって、大手術で3カ月以上休んだことがあります。紳助・竜介《りゅうすけ》の漫才で「オレ、体弱いねん」というネタがあったけど、その通り体が弱かったんです。戻ってきたときはすっかり元気になっていてよかったけど。

それから、さんまさんの実家が火事になったこともあって、そのときにご家族がお亡くなりになったんです。ところが、それを「さんま焼ける」と新聞が書いた。ひどいでしょう？　でもさんまさんがすごいのは、「さんま、焼けるやでー」と言いながらいつもの感じで現場に入って来た。プロだなと思いました。

困ったのは、たけしさんが急に休むようになったことです。

お化けが怖いとか言って、ずる休みです。ひょうきん族はいろんなコーナーがあるからなんとかしのいだけど、ほかの仕事のときは同じ太田プロから誰か行けということになり、私がよく行きました。別にたけしさんに喜ばれもしませんでしたが、役に立てたからよかったと思っています。

そのたけしさんが昭和61（１９８６）年に、「フライデー編集部襲撃事件」で長く休むことになりました。今だったらあれだけのことをしたら芸能人生、一巻の終わりです。

でも何か理由は分からないこともないし、もちろんいけないことなんですけど、たけしさんは自分が愛した人、かわいがっていた人が取材でケガをさせられてしまって許せなかったのでしょう。

軍団があれだけみんなで行ったのは、たけしさんのことが大好きだからです。私は軍団じゃないし、お呼びでない。

とにかくこれからどうしようかとなって、メイク室に私とさんまさんと横澤さんがいて、横澤さんが「そういうことだから、タケちゃんマンは収録したものを出して、なくなったらほかのコーナーでこのままつないでいくから」という話をしたとき、私は初めてのことで少しメソメソしたんです。

そうしたら「泣きたいのはこっちやで」とさんまさんに言われて、一瞬で涙が乾《かわ》きました。そうだ、泣いている場合じゃない、しっかりしなきゃ。

たけしさんがいつ出てくるかも分からなかったので、ひょうきん族、このまま終わりなのかなーとも思いました。

たけしさんは他局でもたくさんのレギュラー番組を持っていたので、各局大変でしたが、それぞれアイデアを出し、何とか繋《つな》ぎました。連絡漏れやたまたま他用があって襲撃に行かなかったラッシャーやらっきょ、つまみ枝豆《えだまめ》らと私で、「元気が出るテレビ」や「スーパーJOCKEY」などを、いつたけしさんが帰ってきても大丈夫なようにと、毎回念じるように代役でやり、約半年後に戻って来たときには、力が抜けてしゃがみ込んだほどです。潰さずによかった、と思いました。

ただ、ひょうきん族にも戻って来ましたが、そのころ視聴率も下がり、ひとつのブームが終わった感じとなり、たけしさんが「やめたい」、さんまさんが「ほな、やめまひょ」で、8年半のお祭り騒ぎは〝幕〟となりました。

たくさんの濃い時間を経験させていただき、ありがとうございました。ひょうきん族のメンバーだったことは、生涯私の勲章です。

第4章

絶頂と別れ

やまかつは、みんなの明るい音楽バラエティ

『オレたちひょうきん族』は平成元（１９８９）年10月14日に放送終了。

『邦ちゃんのやまだかつてないテレビ』、通称「やまかつ」がスタートしたのはその同じ年の10月18日で、局も同じフジテレビです。ひょうきん族が終わる頃にはやまかつの収録がすでにスタートしていました。

そんな流れから、大平《たいへい》サブローさんは浜村《はまむら》淳《じゅん》のものまね、シローさんはデーモン閣下、明石家さんまさんもＦ１ドライバーで人気があった鈴木《すずき》亜久里《あぐり》のものまねなどで、この番組にはひょうきん族のメンバーもよく出てくれました。

あの高橋《たかはし》英樹《ひでき》さんも、やまかつの中心メンバーのひとりです。立ち回りは一発で覚えるのに、踊りの振りを覚えるのは時間がかかる。本人は「動きが違うんだよ！」って言ってたけど。何でもやる、明るくておもしろいスターです。

やまかつメンバーは、ほかにもいっぱいいます。みんなにお世話になりました。

ひょうきん族のディレクターは横澤プロデューサーの班で、途中から〝ひょうきんディレクターズ〟と言われるようになった、荻野《おぎの》繁《しげる》さん、三宅《みやけ》恵介《けいすけ》さん、山縣《やまがた》慎司《しんじ》

さん、永峰明《ながみねあきら》さん、佐藤義和《さとうよしかず》さんの面々です。

その横澤班で、一人だけひょうきんディレクターズに入っていなかった小畑芳和《おばたよしかず》さんが、やまかつのプロデューサーです。小畑さんは音楽関係に強かったので、この番組ではいろんな曲が歌われ大ヒットしました。「愛は勝つ」もそうです。

曲の振り付けは、ほぼラッキィ池田《いけだ》さんがやってくれました。この人が天才で、出演者としても大活躍してくれました。本業ではアーノルド・シュワルツェネッガーのCMなんかも担当していて、現在も錚々たるアイドルグループの振り付けの仕事もされています。

やまかつは、明るいみんなの番組でした。ひょうきん族は、子どもが見ていいのかと思うような下ネタがあったりもして、小学生に人気の『8時だョ！全員集合』とは違う視聴者層だったでしょう。やまかつはとにかく超明るいバラエティ番組だったので、大人のお笑い通みたいな人たちは、ちょっと違うと思ったかもしれません。

だけど私は、とにかくものまねやネタを見てもらいたい！　といつも思っています。それはひょうきん族もやまかつも同じだし、今も変わっていません。

『いきなり！フライデーナイト』からの3人組

やまかつが始まる前には、やはり小畑さんの『いきなり！フライデーナイト』に出演していました。

テレビが都会に出てきた若い人の友達になるというコンセプトの深夜のバラエティ番組で、俳優の渡辺《わたなべ》徹《とおる》さんと私の司会進行で始まりました。

スタートから少し経った頃、そこに体操選手だった森末《もりすえ》慎《しん》二《じ》さんが加わります。最初、森末さんはゲストでスタジオに遊びに来ていたんです。そうしたら話がおもしろくて、歌も上手い。「じゃ、また来週も来てね〜」なんてふざけて言ったら、次の週も来たんです。「あら、ほんとに来てる」と思って。じゃもうレギュラーだねっていうことになって、メインが3人の番組になりました。

バラエティで森末さんや徹ちゃんが人気者になったのは、この番組がきっかけです。

森末さんは桂《かつら》枝《し》雀《じゃく》の落語が大好きで。競技大会にもウォークマンで枝雀さんの落語や音楽を聞いて、緊張しないようにしていたそうです。

だから「金メダル亭慎二」の亭号で高座に上がるほど、落語も上手です。ジャズのスタンダードナンバーなんかも歌うなど、なんでもできる器用な人です。気立てもいいし、ハンサムだし、何といってもロス五輪の金メダリストです。

やまかつが始まったときもこの３人はそのまま加わり、番組をやめるときもこの３人で相談して決断しました。

バラエティもできる俳優渡辺徹さん

渡辺徹さんとは、今も仲良くさせてもらっています。

徹ちゃんは『いきなり！フライデーナイト』がバラエティ初登場でした。最初は何もできなくて、大変だと心配しましたが、とても頭がよくて、すぐにいろんなことができるようになっていったので、私の杞憂《きゆう》でした。

私はツッコミと思われがちですが、じつはボケです。

だからツッコミがいてくれるとありがたい。徹ちゃんはしまいには頭や顔をポンと叩くだけでもちゃんと落ちるような、惚れ惚れするツッコミができるまでになりました。素晴らしい。

　性格は、一人っ子でお山の大将みたいなところがあるけど、気立て抜群。榊原郁《さかきばらいく》恵《え》ちゃんと結婚すると聞いたときはびっくりしました。まあ別に私がびっくりすることじゃないですけど。どっちかが風邪を引くともう一人も引くので、この2人付き合ってるなと、早い段階から怪しいと思っていました。

　ちなみに、徹ちゃんは私と同じ年のゴールデンアロー賞放送新人賞を受賞しているんです。だから表彰式でも会っています。徹ちゃんが一個年下ですが、「約束」という歌が大ヒットして、タキシードが似合ってかっこよかったです。

『太陽にほえろ！』の新人刑事役のときも、東京の国際放映という大きい撮影所で一緒でした。そのとき私は風間杜夫《かざまもりお》さん主演の『暴れ九庵』という時代劇を撮っていました。衣装部屋に行くと神田正輝《かんだまさき》さんたちと一緒にいて、「あ、こんにちは」とあいさつして、向こうも「こんにちは」と言ってすれ違ったのを覚えています。

　私が時代劇や恋愛もののドラマでもお笑いでも、何でもやっていた時期で、俳優さんをはじめいろんな人と知り合いになりました。

国際放映スタジオでは、「あばれはっちゃく」という子どもの番組も撮っていて、当時10歳の子役だった酒《さか》井《い》一圭《かずよし》くんもいました。今は歌謡グループ純烈《じゅんれつ》のリーダーです。

酒井くんは、山田邦子がいるはずだと思って、色紙を持って入口で待っていたそうです。私が、「おはよう」と行くと、「あ、きみ、あばれはっちゃくだね」と言って手をつないで撮影所の中を散歩しました。

別れるときに「帰れる？　さっきのとこまで行ったほうがいい？」と何回も聞いたのを思い出します。酒井くんは、「大丈夫です」と言って帰っていきました。そのとき徹ちゃんも同じ撮影所にいたわけです。

今、酒井くんは純烈で「渡辺徹です」をつかみのネタにしています。ちょっとポッチャリしていますからね。そのことをちゃんと本人から承諾を取りたいというので、つい先日徹ちゃんとＬＩＮＥでつないであげたら、お互いに「初めまして」から始まって、無事にＯＫをもらえたそうです。ご縁です。

今は俳優さんでもバラエティの司会をしたり、音楽番組を持つ人は珍しくありませんが、あの頃そんなことができるのは徹ちゃんぐらいだったし、今の人たちよりも笑いも取っていました。そのせいか、別に私とコンビだったわけじゃないけれども、ほかの番組で徹ちゃんが「さっき邦ちゃんがいたよ」と言われたり、私に「徹さんが来てるよ」と周りの人が教えてくれるようになっていました。

のちのスターが次々に登場

やまかつは番組の中で真面目なドラマをやるコーナーもあり、本業の俳優さんが結構出ていました。髙嶋政宏《たかしままさひろ》さんと高嶋政伸《まさのぶ》さん、深津絵里《ふかつえり》ちゃんもいたし、織田裕二《おだゆうじ》くんはドラマもバラエティも出てくれました。ギバちゃんこと柳葉敏郎《やなぎばとしろう》くんも両方やっていたし、東幹久《あずまみきひさ》くんとか江口洋介《えぐちようすけ》くんもみんなやまかつメンバーです。

新人がテレビに出てくるときには、ドラマのチョイ役などでカメラ映りをテストすることがあります。うまくいけばいよいよデビューというタイミングです。私はそういうシーンでいろんな人が最初に登場するときの姿を見てきました。

江口くんとは、やまかつバンドで会いました。最初はバンドマンらしく髪が長くて、ガリガリに痩せていて、本当にこれからだなという感じでした。10代後半だったでしょうか。俳優業に専念したら大当たりして、よかったです。東くんが入ってきたのも確かまだ10代でした。

ギバちゃんを最初に見たときは、ドラマの役で半ズボンをはいていました。一世風《いっせいふう》靡《び》セピアでデビューして、それから萩本欽一《はぎもときんいち》さんの番組に出ていましたから、欽ちゃんファミリーですね。みんな素晴らしい俳優さんです。

やまかつは、〝おもちゃ箱を引っくり返したような〟というのがプロデューサーの口癖でしたから、そういう何でもありというところがありました。

レギュラー番組が週14本で〝即死〟続きの生活

20代後半から30代は、とにかく忙しかったです。

やまかつが続いたのは平成元（1989）年10月から平成4年3月までの2年半で、武道館コンサートも派手にやったりして中身が濃かったですね。

いつもいつも稽古場で練習やリハーサルをしていました。女の子のデュオグループ、Ｗｉｎｋが大人気で、その新曲が出るとすぐにＷｉｎｋと同じ振り付けの先生に習ってものまねをしました。

ステージのうしろに緑の幕がかかっている日は、合成映像を使ったネタを撮ります。今みたいにＣＧが進んでなくて、二重写しが限界です。何回も撮っては重ねて、シーンをつなげます。これがいくらやっても終わらなくて、銀幕のスターならぬ〝緑幕のスター〟と私は言われていました。

前のシーンの自分に次のシーンの自分が話しかけたりして、そのタイミングや動きは自分しか分からない、ある種、職人芸みたいです。

やればやるほどおもしろくなって、かつらとか扮装《ふんそう》にも凝《こ》り出して、こうしたいああしたい、あと1回、もう1回となかなか終わらない。

だから「そろそろ30時です」となってしまう。次のシーンが朝6時からだと、寝る暇もありません。スタッフも眠かったでしょう。カメラさんも付き合ってくれました。みなさんと一丸となって作り込んだ番組だったなと思います。感謝しかありません。

ほかの番組との掛け持ちもひどくて、一番忙しかったときは週に14本、隔週ものを入れて16本のレギュラー番組を抱えていました。

今ではほかと重なってないかと必ず聞かれますが。この頃は裏番組にも普通に出ていました。テレビを点けたら1日に2回は私が出ている計算です。こうなると1日に3本とか4本を撮らないといけない。

年末年始のひどさといったら、無茶苦茶でした。本当に家に帰ってなかったです。楽屋に布団を敷いてもらって暮らしていました。食堂も風呂場もあるし、仕事のときは衣装だから服もいらない。寝巻とガウンで過ごしていました。ふかふかの布団を敷いてくれていて、1時間寝るだけでも本当にありがたかったです。

あ、気絶する、という経験もしました。

視界が白くなりあたりがしーんとしてきて、目が見えない、倒れるかな、でも歩いてるんです。歩くうちにだんだん元に戻って倒れずに済みました。出演者やスタッフも、過労死ってどこまで大丈夫なのか分かんないよねといった話をしていたので、やっぱり相当大変だったですよね。

でも台本を覚えてシリアスなドラマをやったり、大きい声で歌を歌って騒いだりしたり、いろんなことをやったので、うまい具合に喜怒哀楽を発散できていたのかもしれません。

あとで聞いたら、楽屋に寝泊まりしていたのは私だけだったみたいです。みんなはホテルを取ってもらったり、うちに帰ったりしていたって。だけど私は帰る時間もない。だって30時までやって次が6時って、そもそも無理です。

空《あ》き時間なしのことを〝即死〟と言っていました。体力があったのか、頑丈に産んでもらったのか、とにかくよく働きました。

「死にたいです」と電話相談

ただ、このまま死のうかなと思ったことは何回もあります。

疲れ切っていても、番組ではテンションは高いんです。でもやっぱり判断力は鈍《にぶ》っています。今、また自殺の話が多いですね。その気持ちは何となく分かる気がします。だけど私は今こうして生きています。

一番ひどかったときは、次の日に大勢が集まる運動会みたいな番組に出なければいけないときでした。どうしても嫌になってしまったんです。

芸能人対抗運動会なんか、タレントがいてマネージャーがいて、レコード会社の人もいて、現場はものすごい人数です。もうくらくらしちゃう。控室も人が入り過ぎてぐちゃぐちゃしてるし。個室がなければトイレで着替えて、トイレでご飯を食べていました。

そもそもはピン芸なので、こう見えて、じつは大勢のなかに入っていくのが苦手なんです。役割を任されればそれをやるのですが、我も我もと人を押し退《の》けて行くのは本当に下手です。

事務所に「これ、本当に私がやらなきゃいけない仕事ですか？」と聞くと、「とにかく行きなよ。みんなと一緒ににぎやかにしていればそれで終わるんだから」と言われました。

それでもう嫌だ嫌だとなっちゃって、どうしようかなーと思いました。何だかもう全部が面倒くさくなり、このまま死のうかなという考えが頭の中で膨らんでいきます。親に言っても心配しちゃうだけで、もしこれを無事通り過ぎて元気になったら「もう大丈夫なの?」なんて言われて、またそのときの気持ちに戻されて後々まで面倒くさい。

友達も事務所も同じことだ、誰にも言えない——。それで、いのちの電話みたいなところに相談しようと思ったのですが、分からなかったので警察に電話しました。電話に出た警察の人が、どういう話ですかと言うので「死のうかと思います」と言うと、ちょっとお待ちくださいと、おそらく専門の人につないでくれました。

代わって聞こえてきたのは、穏やかでとても印象のいい男性の声でした。

「ひとりですか?」「大丈夫ですか?」と聞かれて、「周りに誰かいますか」と言われたときに「猫がいます」と返事をしたら、「猫じゃだめだな」って笑っていました。深夜に20分ぐらいしゃべったんじゃないでしょうか。

そのうちに仕事の話になったときに、仕事の内容を言うと山田邦子だとばれるな、まずいなと考え出したら、高かったテンションが収まって、気持ちがスーッと平常心に戻っていきました。

「大丈夫です、何か元気になってきました」

「そお？　僕ね、これで電話切って、君が明日の朝変なことになっていると、すごくショックだけど」

「いや、本当に大丈夫です、すいませんでした。話を聞いていただいてありがとうございました」

　それで受話器を置いたら、「リーーーン」と鳴ったままで切れないんです。普通、どこかからかかってきたときにリーン、リーンて呼び出し音が鳴りますが、それが切れ目なく鳴りっぱなしです。

　受話器を取ったらさっきと同じ人の声で、「本当に大丈夫ですか？　あ、元気な声になりましたね。じゃこれで本当に切りますね」と。今度は音が止まって静かになりました。

　世の中って捨てたもんじゃないな、ちゃんと聞いてくれる人がいるんだなと思うと何だか元気になって、このことを誰かにしゃべってみよう、とすぐ友達に電話しました。また「リーーーン」の人から電話がかかってきても、話し中なら、誰かと話している、やっぱり元気になったんだと思ってもらえるとか、そんなことも考えました。

その友達は芸能人ではなくてアーティストでしたが、今あったことをしゃべると、変なたとえ話をしてくれました。

自分が先輩に生意気なことを言って、「あ、殴られる」と思ったとき、グーが飛んできて顔に当たるまでの間はすごく長く感じた、と。怖いな、やだなと歯を食いしばっていたけど、いざ殴られたらちょっと口が切れたぐらいでたいしたことなかった。それで生意気なことを言ったのもチャラになった。「だからお前も今、死ぬことまで考えてすごく悩んだから、明日の運動会は案外楽しいかもよ」と言います。

そういうもんかなと思って、次の日、大勢人がいるその運動会に行ったら、本当に楽しくて、ああ、こんなことで死なないでよかったな、死ぬんだったらもっとすごい大変なことがあったときに死のうと思いました。

煮《に》詰《つ》まったときは、息抜きやまったく別のことで気分転換をすることが大切だとか、いろんなことをそのときに学びました。何よりも話を聞いてくださった警察の方、ありがとうございました。

電話相談の前後に見た不思議な夢のこと

この頃、何回もとても不思議な夢を見ていました。

広い空間に円柱みたいなものがたくさんあって、ひとつの直径が１メートル半ぐらい、私はそのうちの１本の上にいて、横を触るとつるつるしています。下は見えなくて霞《かすみ》がかかっているほどすごく高い。

柱の間がまた１メートル半ぐらい空いていて、がんばって跳べば跳べそうだけど、落ちるような気もして跳べない。

下に何かものを落としてどれぐらい深いか確かめようとしても、そもそも持ち物があんまりない。だからずーっとそこに座っている。

どうしようかなあと考えているうちに目が覚めます。鳥が飛んでいったりするときもあるけど、捕まえられるわけでもないし、跳ぼうかなー、でも失敗したらなーと迷っているうちにまた目が覚める。

毎日毎日こんな夢が続いて、もう嫌だと思って、また別の友達に電話で相談すると、「夢なんでしょ、だったら跳べるよ。ぴょんぴょん跳んでいったら案外うまくいくんじゃない？」と言われました。なるほど。

で、次に夢を見たときに跳んでみたら、本当に調子よくトントントンと進んで、その先には龍宮城みたいなすごく大きなお城みたいなのが出てきて、花が咲き乱れ、滝が流れ、そこになぜか森進一《もりしんいち》さんがいたんです。

森さんのことが好きだったからかもしれません。お姫様みたいな人と一緒に森さんが、こっちこっちと呼んでいます。とても楽しそう。

でも、待てよ？　これ、聞いたことある、三途《さんず》の川と同じだ。

あっち側はあの世で、跳んだら死ぬやつ。一歩前で止まったところで目が覚めました。

それでまた友達に報告すると、「おもしろいねえ、だったら下に降りてみれば？」とあっさり言うのです。

で、今度は両手で柱にしがみつきながらスーッと降りてみました。

途中、下から声が聞こえてきて、友達や家族、共演者や事務所の人たちがみんないて、「やっと降りてきた」「ずっと呼んでたのに」とみんな喜んでくれてカーニバルみたいになりました。手のひらは少しやけどしたけど、すごく楽しいところで、何だもっと早く降りればよかったと思いました。

それでおしまいです。もう続きを見ることはありませんでした。最後の夢が「リーーーーン」の電話をかけたあとだったと思います。

あとで思えばたいしたことじゃないけど、目の前のことでいっぱいいっぱいだったのかもしれませんね。

ユーミン、松岡修造、倍賞千恵子、いろんな人の悩み解消法

このあとでいろんな人につらいとき、うまくいかないときや悩んだときにどうするかを聞くのがマイブームになりました。死のうと思ったことは話しませんでしたけど。

松任谷由実《まつとうやゆみ》さんは、こんなことを話してくれました。

始まりは小さな車輪だったから、自分ががんばればコロコロ回ってよく進んだものだった。でもだんだんやることが大きくなってきて、スタッフも大勢になると、歯車が大きくなって溝《みぞ》ひとつひとつも大きい。なかなか最初の頃のようには回ってくれない。でもそれがヨイショと1ミリでも回るとうれしくなる。

歌を作ろうとしてもうまくいかなくて、暗闇に閉じ込められたようになってしまうこともある。けれど一筋の光が見えて、そうだこれだ！　と何か浮かんだときのあの気持ちよさ。そこからスーッと上がっていくのは、もう何度も経験している。

だから落ちていくときから、もうそのことが楽しみになっている。絶対に上がると分かっているから。その振り幅がすごくなるほど、エクスタシーがすごいのよ、と。

やっぱりユーミンはすごいな。

スポーツ関係の人にも聞きました。

松岡《まつおか》修造《しゅうぞう》くんは、さわやかで豪快なんだけど、「邦子さん、テニスというのはね、気分を変えたほうがいいんですよ」と。

あ、やられたと思って引きずっているともう次もだめになっちゃうから、切り換えて1セット1セットを大切にする。で、こう構えるでしょ、そのときに体を左右に揺すったり、トンと小さくジャンプしてるのを見たことありますか？　あれは呼吸を変えて、気分をリセットしているんです。

なるほどなあ。

私はプロ野球の読売ジャイアンツのファンなので、原辰徳《はらたつのり》監督やいろんな選手と懇意にさせていただいています。

元木《もとき》大介《だいすけ》くんがまだ選手のときに、最初からかっこよくホームランが打てたイメージしか持たないんだと言っていました。「打てないんじゃないかな」とは全然思わない。

バッターボックスに入った瞬間から、きれいに打ち返してスカーンと飛んで、ウワーッて歓声が上がって、手を振りながらダイヤモンドを一周するところまできっちり想像する。できることしか考えないそうです。

とくに、倍賞《ばいしょう》千恵子《ちえこ》さんから教わったことは、今も後輩にそのまま伝えています。

「いろんな役が来るからさ、撮影の期間はいろんな精神状態にもなるけど、夜は寝る。とりあえず寝れば治る。次の朝までそれを覚えてたら、朝、その続きを考えればいい。寝て忘れちゃったらそれまでのことなんだから」

私はそれまで、次の朝が早くて寝なきゃいけないのに、悶々《もんもん》とごちゃごちゃ考えて、結局寝不足で現場に行くこともあり、バカ丸出しでした。

最近は、後輩たちが今後どうしたらいいかとか、マネージャーと揉めているとか、こんな私にも相談に来ます。そんなときは千恵子さんのマネをして「とにかく夜は寝る。で、朝考える」と言っています。

「やまかつ」終了の本当の理由は？

やまかつは、最後ぱっとやめました。いろんなことが嫌になってしまったんです。

楽屋で徹ちゃんと森末さんに「もうやめようと思うんだけど」と切り出しました。

すると、「いつ言ってくれるのかなと思ってたよ」と言われたんです。

「みんなにも我慢させていたんだ。ごめんね」と、すぐに結論が出ました。

『さよならだけどさよならじゃない』がヒットして幼稚園の卒園ソングになったの

は、それはそれでよかったし、だから武道館コンサートもできたのですが、音楽の色があまりにも強くなって、ほとんど音楽番組になってゆきました。

　やりたいのは歌ばかりじゃない。ひょうきん族でそんなことは一度もなかったけれど、座長になってみると、たけしさんがずる休みした気持ちも少し分かった気がしました。

　一番は、この番組でお世話になった人が次々と切られていったことにも不満がありました。私は大江《おおえ》千里《せんり》さんと仲がよかったから、最初にやまかつの歌も作ってもらいました。いろいろお願いして始めたのに、ＫＡＮちゃんが入って来たら『愛は勝つ』が大ヒット。そうしたら、番組が何と千ちゃんを切っちゃった。

　だけど次に大事ＭＡＮブラザーズバンドが入って来たら、今度はＫＡＮちゃんを切っちゃった。ＫＡＮちゃんは私のせいだと思っているでしょうね。あれから1回も会ったことがない。たぶん、私のことを今でも嫌いかもしれないですね。とても残念。

　そして大事ＭＡＮブラザーズバンドも『それが大事』で人気者になりましたが、やっぱり次の人が来て切られたんです。

もう「えーっ？」の連続です。それで嫌になっちゃった。

ほかの番組でも、改編期が来ると出演者が替わることはありますが、そういうのとは違います。私は誰がやめるやめないということには、今までどの番組でも一切関わったことはありませんが、共演者のなかには、私にやめさせられたと思った人が何人かいます。あとから恨《うら》みつらみを言われたこともありました。

急に訪ねてきて、「面《つら》の皮が厚い」って言いに来た女優さんも。

意味が分からなかったけど、考えてみるときっとそういうことですよね。ニコニコしているくせに裏では人をやめさせる奴だと思ったんでしょう。それで嫌われた人は結構います。私じゃないとちゃんと分かってくれたのは、大江千里さんぐらいです。

それで小畑プロデューサーにやめると話すと、怒ってしまいましたが、「もうできないですよ」と、そこで終わりにしました。

だから、なんで急にやめたのかとよく言われるけど、嫌だったからです。楽しい番組を作っているのに悲しんでいる人がいるのが、とても嫌だったんです。それを私が知ったからです。

わざわざ「お前はもうだめだ」と言いに来た人

昭和63（1988）年から平成7（1995）年まで、8年連続でNHKの「好きなタレント調査」の第1位でした。いわゆる好感度が高かったわけです。1位になってどんな気持ちですかとか、やたらとそういう取材が多かったですね。

人が評価してくれるのはありがたいことです。その評価があって、今の私があるわけですから。だめと言われるよりはいいし、悪い気はしません。

でも、何でかなと不思議でした。私は全然昔と変わってないのに。

オリンピックやいろんなコンクールも確かに順番をつけるけれど、好感度は自分で希望してエントリーしたものじゃないですからね。基本的には人間に順位をつけるなんて妙だけど、人気商売ですからね。

8年そういうのが続いたあとに、今度は順位が落ちていくと、人気があった反動でディスられることが、それはそれは多かったです。

〝転落人生〟など、あることないこと言われました。取材されると、「今度は1位から落ちてどんな気持ちですか」と聞かれる。「失礼な質問をしに来ているよねー、あなたはどう思うの？」と聞き返したりしていました。

わざわざ訪ねてきて、「お前はもうだめだ」と言いに来た大物歌手もいましたね。

芸人の間で、足の引っ張り合いはもちろんあります。私が持っていた枠《わく》が空けば、そこに入れるかもしれないんですから、みんな必死です。

テレビを点ければ私しか出てないみたいな時期があったから、なんとかしてこの山を崩そうと思ったんじゃないでしょうか。

１番と言われただけで、会ったことがない人まで私を嫌ったりします。何もなければそんなことはなかったはずです。そういう心理が人にはあるんでしょうね。

酷い嫌がらせや醜い争いは大嫌いなので、どーぞ、どーぞと退散しました。それが〝転落〟なのでしょうか？　私がオリジナルで作った山ですから、あとからマネて登っても本物の人気者にはなれませんよ。

結局、その「好きなタレント調査」は、その後一部の団体や組織票などで純粋さを失い、数年で廃止となり、私の８年連続１位の記録は、生涯破られることはなくなりました。おおきに。

ディズニー映画で声優に挑戦

「好きなタレント調査」で順位が落ちたからといって、仕事がなくなったわけではなかったです。新しい番組も始まっていました。

２０００年に芸能生活20年のときに、ふと今まで一度も舞台の仕事をやってないと思いました。舞台は忙しいとできないのですが、ちょうどそのとき、出演する日程も稽古をする日程も押さえる余裕ができました。

三越《みつこし》劇場で初舞台を踏んだときはうれしかったですね。ついでに運転免許も取りました。日にちがかかることや、それまで自分ができなかったものに取り組みました。

声優のお仕事もさせていただきました。

ディズニー映画の『１０１』、１０１匹わんちゃんのクルエラ・デ・ビルの声です。その名の通り、悪魔みたいに怖いことをするラスボスのおばさんです。あの日本語版を担当しました。

収録は予備日も入れて3日間で、スタジオにサザエさんの監督と録音するチームが来たんです。アフレコといえば、やっぱりこの方たちということで、プロの方たちと仕事ができてとても光栄でした。

ディズニー映画の悪者は、主人公にやられ始めると、だんだん「ヴェー」とか「ギャー」とかばかりになります。自分ではのども強いほうなので1日で行けると思ったんですけど、途中から声が変だったみたいで、もう少しのところで「じゃあとは明日にしましょう」と言われました。

で、翌日になると確かに声が戻っていたので、さすが一流だと感心しました。

私は悪役ですが、ダルメシアンの飼い主の役は佐野史郎《さのしろう》くんと浅野《あさの》ゆう子ちゃんで、2人とも同世代。台本で2人のお名前を見たときは会えると思って喜んだけど、録るのはひとりずつで全然会えなかった。そういうものなんですね。でも同じ作品の吹き替えをしたことはいい記念になりました。

ディズニー映画だから、クリスマスとかになると子どもたちが見ます。子どもたちはその声を覚えていて、私がいるとそばにいた子が振り向いて、

「あっ、このおばちゃん……」(固唾《かたず》をのむ)

「そうだよ、あの悪いおばさんだよ」(低い声で)

「アーッ」（逃げていく）
子ども相手にからかったりしています。

「安い？」と思った声優のギャラ、じつは破格の待遇だった

ディズニーは契約書がすごく分厚《ぶ》いんです。10センチ以上はありました。めくってもめくっても、ＰＲはこれこれに参加してください、このギャラは込みですなどなど書いてあります。

英語を訳してもらってもよく分からないので、専門家に読んでもらって、付箋《ふせん》のあるところにサインしていきました。それでも延々と終わらない。でも、米国のザ・ウォルト・ディズニー・カンパニー本社とつながったようでとてもうれしかった。

で、ふと、それだけすごい契約書なんだから、このギャラは一体いくらなんだろう、と思い始めました。

それまでの仕事のギャラは、事務所に入ってからは任せていて聞いたことがありませんでした。ひょうきん族もやまかつもいくらでやったか知りません。でもそのとき

は、あのディズニー本体だし、すごい高いんじゃないかとやけに気になりました。もしかして1億円ぐらいかなとか、とんでもないことを考えてたんです。

そうしたら何百万円だったんですね。それでマネージャーに「ちょっとこれ間違いなんじゃないかしら？　念のため聞いてもらっていいかな」と頼みました。こんなことを聞いたのは最初で最後です。

すると後日マネージャーが「これ、最大級らしいですよ」と。日本の吹き替えのタレントさんにこんなに払ったことないぐらいだと言われたそうです。考えてみれば私の声は日本語版だけです。英語版は大女優のグレン・クローズさん。ほかにもたくさんの国で発売され、それぞれ吹き替え版があるわけです。

この話を6、7年前に、『アナと雪の女王』のキャラクターの声をやっている人に話したら、信じられない破格の値段だと驚いていました。

声優さん、みなさんそうなんですね。私はあんなにもらっていたのに、少ないんじゃないかなんて言って、今でもとても、とても恥ずかしいです。

生放送の直前に聞いた父の死

平成10（1998）年には、父が他界しました。本当にぽっくり、自宅で心臓が止まって死んだんです。

その日伊勢《いせ》神宮参りに行くはずで、胸のポケットには前の日に自分で有楽町《ゆうらくちょう》まで買いに行った新幹線の切符が入っていました。

私はその頃毎朝ニッポン放送で生放送があり、局に入ったらスタジオに電話がかかってきて、弟さんからですと言われました。

なぜか分からないんだけど、その瞬間、「あ、お父さん死んだ」って分かりました。

電話に出て「もしもし」って言ったら、「今しゃべって平気？」と言う弟の低い声で、ああ間違いないと思いました。「ちょっと待ってくれる？」と深呼吸をして、いいよ、と構えると「お父さんがさっき死んだんだよ」と。やっぱりそうでした。

でもこれから生放送で、そのあと会津《あいづ》に行かなければいけない。夜11時ぐらいにならないと自由に動けないので「そっちで何とかできる？」と聞くと「大丈夫、全部できるから」と言うので、ひとまず弟に任せました。

電話を切って15分後に生放送が始まると、そのまま明るくやりました。

でもおそらく、明日には山田邦子のお父さんが死んだと話が広まるだろうから、その前に相方のパーソナリティには話しておこうと思い、番組が終わってから「さっきね、父が死んだのよ。番組が始まる前の弟からの電話はそうだったの」と伝えました。長く一緒にやってきているニッポン放送のアナウンサーです。

そうしたら「何にも知らなくてごめんね」と言ってくれて。

「いやいや、まだ死因もよく分からないし、言わないほうがいいだろうなと思っていたから。こちらこそごめんなさい」と謝りました。

夜、会津から東京に戻ると新幹線のホームで事務所の社長が待っていて、こっちこっちと呼ばれて車で病院に行きました。着くとファンの人とかがウワーッといて、どこかから話が伝わったんでしょうね。

急だったから、父を看取《みと》ることもできませんでした。できることも、もうない。でも駆け付けて父の顔をぴたぴた触って、「ああ、死んでんの？」「うん、死んでる」「死んでるんだー」と家族で話したりしました。

お通夜になってお葬式になったらワイドショーが来て、それにも対応しました。ばたばたしている間にも、死人が生き返ることもあると聞いていたから何回も見に行った。けどやっぱりそのままでした。

火葬の前、最後に父の目を開いて見てみました。そうしたら白濁《はくだく》していて、目玉焼きの白身がフライパンで透明じゃなくなっていく感じの色です。腐《くさ》っていくんですね。

母が嫌がって、「やめなさい」と言ったけど、最後だし弟に「見てみ」と言うと、見て、「ああ、だめだね。山田芳美《よしみ》復活ならず」と言ったので、最後に大きな声で「お父ーさーん」と呼び、お別れしました。

肉体のお別れが一番寂しかった。さようならお父さん。

火葬場には久しぶりに親戚も集まり、「邦子、活躍してるな」とか、普通に話もしました。親戚だから話せるようなお父さんの話もして、急に悲しくなって沈んだり、急に笑ったり。あれ、何かおかしいですよね。

それで焼き場の方から連絡が来て、終わったというので、「焼き上がりました」と言ったら、みんなすごく笑っちゃって。焼き上がったはないだろうと。肉体のお別れから1時間ほどだったでしょうか。立派な骨でした。

死の十日前にちょっとケンカした

じつは、父が亡くなる十日ぐらい前に、言い争いというほどではないけれど、気分のよくないことがあったんです。

その日も朝から生放送があり、親不孝についてしゃべることになっていました。それでスタジオに出かける車の中で、お父さんに電話しました。私、親不孝かしらと。そうしたら、「おい、朝から嫌な話だな、まあ親不孝だね」と言ったんです。

そのときは結婚もしていませんでした。なんで結婚しないのかとワイドショーやいろんなところで、毎日のように言われましたが、別に自由だしいいじゃんと思っていました。

父は考え方が真面目な人です。娘には、結婚して子どもがいてという普通の家庭を持ってほしかったでしょう。孫も欲しかったんでしょうし。だけど娘は自由に、好き勝手にやっていました。

そんなにきつい口調で言われたわけではなかったけど、親不孝だと言われてつっけんどんになっていたかもしれません。「ごめんなさい、とにかく親不孝ですね、分かりました。じゃあね」と返すと、父は「そうか」と言って電話を切りました。

そうしたらすぐ母から折り返し電話がきて、「お母さん横で聞いてたけど、私は親不孝とは思わないよ」とやけに弁解してくれていました。お父さんはああ言うけれど、健康で自分らしく一生懸命やっているんだったら、これはこれで親孝行だからと言ってくれたんで、へえと思いました。


父の友人から「邦ちゃんのせい」と言われた

でもそのことが決定打だったみたいです。

父が近所で定年になってから付き合っていたお友達が10人ぐらいいました。カラオケに行ったり自転車に乗ったりする私の知らないメンバーで、その方たちがみんなでお葬式に来てくれました。

そして「邦ちゃん、十日ぐらい前に何かなかった？」と聞くんです。

父はその人たちに「娘に大変なことを言った、親不孝だと言ってしまった」と話して、その日からすごく落ち込んで具合が悪そうに見えたそうです。みんながどう励ましても落ち込んじゃって、かわいそうだったということでした。

「だから亡くなったのは邦ちゃんのせいだと思うよ」と言われました。

何か、そんな気もしていました。

あの日、これから朝がんばろうというときに、何でこんなことを言うのかと思ったけれど、本当に私は親不孝だったのかもしれません。

邦ちゃんのせいで死んだ。そうかもしれない。

会社を辞めて、張り詰めていた気持ちが緩《ゆる》み、これから家族のんびりと、というときに忙しい忙しいで娘はいない。

もっと話を聞いてあげればよかった。時間を作ってあげればよかった。

そんなこと言うつもりじゃなかったけど、娘に変なことを言ってしまった、とがっくりきたのかも。もともと心臓も悪かったんだけども。

父は最後までお正月にはお年玉をくれました。１万円でしたけど。どれだけ私が稼いでいても、お父さんだから、お嫁さんに行くまではと言って。

まだ67歳でした。会社を引退して、２年も経たないうちに死んでしまいました。高度成長期の中で一生懸命がんばって、燃え尽きたんでしょうね。

残念だけれども、男の人生だったなと思います。

お友達に「父はおもしろかったですか?」と聞くと、「おもしろいお父さんだったよー」と教えてくれました。家族が知らないお父さんの一面です。ありがとうございました。

結婚相手の持ち駒がなくなりあせる

平成12（２０００）年の元旦に、婚姻届を出しました。

昭和35（１９６０）年に生まれて、昭和55（１９８０）年に芸能活動を開始したから、５とか10とか切りのいい数字が好きなので、ちょうどいいと選びました。

結婚する前のことですが、松尾伴内から電話がかかってきました。

「お久しぶりです。姉さん、僕、結婚することになりましたけど、本当にいいですか？」

「えっ、いいよ。よかったね」

「本当ですか？　じゃ僕、結婚しちゃいますけど」

何でそんなことを言ってきたかというと、伴ちゃん、こんな顔でデビューできたけど、たぶんこれだと結婚できないし、私も結婚しないと思うから、年取ってお互いひとりだったら結婚しようねと私が言ったことがあったそうで、それを覚えていたんですね。義理堅《がた》い。大笑いしたけど、あの伴内も結婚かぁ、と少し寂しくも思い、そのあとに赤信号のリーダーの渡辺正行、ナベちゃんも結婚しました。

あ、いよいよ持ち駒がなくなったとしみじみしちゃって、私も結婚しなきゃなと思ったのもなつかしい思い出です。もう20年以上前のことです。

何かご縁があったんでしょうね。ちょうど２０００年だったし、父が亡くなり男手を補充した、という感じです。

結婚当初からずっと、お財布は別だし、いくら稼いでいるかも何時に帰ってくるのかも、今日どこに行くのかも知りません。２人暮らしで猫が２匹。仕事も別々ですが、私の知り合いとか友達の連絡先を聞いて、プロデュース業に利用しています。ずるいですね。

でも物知りで、漢字やことわざ、なんでこの国同士はけんかしているのかとか、歴史上の人物がどんな人だったかなどは、即答です。だから夫は私の図書館みたいな人です。

たけしさんの番組出演がきっかけでがんを発見

２０００年代に入ってから大きな出来事というと、やはりがんの手術をしたことです。

見つかったきっかけは、たけしさんの『最終警告！　たけしの本当は怖い家庭の医学』の乳がんの特番です。女性のタレントが何人か呼ばれて、私はそのひとりでした。番組で教わった通り調べたら、しこりがあり、それががんでした。

病気などあまりしたことがなかったし、がんはもうちょっと年を取ってからなる病気だと思っていたので驚きました。でもがんは2人にひとりがなるし、46歳は乳がんのストライクゾーンであることはあとで知りました。

　がんは右に2つ、左に1つあって、両側だったので4時間ぐらいの手術でした。ステージ1の浸潤《しんじゅん》がんと非浸潤がんで、先生の説明も明確でした。ただそのあとに調べたら思ったより広がっているところがあって、きれいに取らせてくださいということで、1カ月空けてもう一度手術しました。

　2回目の手術のときに「先生、これ失敗したんですか」と聞きました。「いや、失敗じゃありません」と真顔で返されました。スタッフも1回目と同じで、ああ残念でしたね、戻ってきたんですかということで、私のほうも慣れたものでした。

　手術で入院したのはゴールデンウィークにかかる6日間ぐらいです。仕事もほとんど休みませんでした。

　その後は放射線治療に毎日通いましたが、がんのことは途中で公表していたので、共演者やスタッフに「あ、もう帰ってきたの、早いね」などと言われました。照射ってそれ自体は1分ぐらいで終わるんです。病院との行き来に時間がかかるぐらいです。

２００７年の暑い夏でした。もうすっかり元気になり、遠い昔のことのようです。

初めてＳｕｉｃａを使う

乳がんだと最初に告げたのは、ちょっと年上の大親友です。

彼女は一般の主婦ですが、とても美人で元気で私の大好きな人です。ちょうど子育てが終わって自由になったときに私と出会いました。

私のほうは、すごく忙しかったのが一段落して、自分の時間が使えるようになっていて、彼女は一生懸命主婦をやっていたので、芸能人の私のことをあまり知らなかったのでちょうどよく、仲良しになれました。

彼女とはいつも旅行やお食事やお買い物で一緒でした。それが、ちょっと行かれないんだとお断りすることが増えて、彼女が「おうちでなんかあったの？」と心配するようになりました。

もうこの人には言おうと思い、がんの手術が終わってあとは放射線治療に通うだけというときに、お食事をしながら話しました。

そしたら彼女が、「いろんなことを想像してたけど、それよりもっと大変なことだった」と言って、数日後にＳｕｉｃａをくれました。

「放射線治療で病院に通うのに、あなたはきっと毎日タクシーでしょう。Ｓｕｉｃａで地下鉄やバスにも簡単に乗れるのよ、あなたのうちからはちょうど病院に行けるバスがあるから、使ってみたら？」と使い方も教えてくれました。バス路線まで調べてくれたんです。

それでバスに乗るようになると、タクシーからは見られない景色です。ああ朝はコーヒーショップが開いてる。当たり前のことかもしれないけど、芸能人は昼ぐらいからやっと起きてくるから、朝からみんな働いていることが新鮮でした。

ここにおせんべい屋さんがある、花屋はここにもあるのか、あんなところで日傘を売っている、そういう光景が生き生きとして感じられました。

今はもうバスでどこまで行けるのか知るのが楽しみであちらこちら行っています。

親友に感謝。

彼女にがんを打ち明けたときに、もうすぐ新聞とかに出ると思うけど、たけしさんの番組で言おうと思っていることも話しました。たけしさんの番組で分かったことだから、ちょっとは恩返しできるかなという気持ちでした。

あの頃はまだ芸能人は公表しないという風潮がありました。けれど一度隠すと隠し続けるのにウソをついて、私はしゃべる商売なのに辻褄《つじつま》が合わないことになったら面倒だから公にすると決め、番組のプロデューサーに話しました。

そうしたら収録のときに記者の方がいて、放送されるより早く記事が出ちゃいました。番組の宣伝にはなりましたけど。そうしたらたけしさんが、「大当たり賞を出そうよ」とか、すごく喜んでくれた。さすがだなと思いました。大丈夫か、なんてひと言も言いませんでした。

コシノジュンコさんたちに誘われて京都に旅行

初期のがんで死に関わるようなことでもなく、手術も成功したのに、やはり心のどこかに再発するんじゃないか、転移するのではないか？　という思いがあり、これががんの正体だと気がつきました。

逆に、もう治ったんだからと張り切って働き過ぎて倒れたことも。体の傷は癒《い》えてきているのに、精神的にも平常心に戻らないと、本当に治ったとは言えません。

そんなときに、「みんなで京都に行くから一緒に行かない？」と誘ってもらいました。コシノジュンコさんをはじめ、みんな私より20歳ぐらい年上の方々のグループです。

コシノジュンコさんは美術がお好きで、若いアーティストや音楽家が活躍できる場を作ったり、私がやっているスター混声合唱団にも入ってくださったりしています。この合唱団は病院を回ったりチャリティコンサートをしたりして、がんについてよく知ってもらうための活動をしています。

ちなみに倍賞千恵子さんも団員で、３人仲良くさせていただいています。共通点があって、みんな３人きょうだいの真ん中です。何となく親にかわいがられてなかったんじゃないかみたいなところが、ちらっちらっと見えます。

がんばり屋で真面目、でもちょっと不良、そんなところも似ています。こだわりがあって、1回こうだと言ったら引かなかったりします。

お2人とも、とてもおしゃれで、生き抜く力が半端《はんぱ》ない。人生の先輩が元気だとうれしいですね。ああ、私もまだ大丈夫、確実にあと20年は行けるんだなと思えます。

夢に何度も出てきた薬師如来に東寺で出会う

がんになったときに、また同じ夢を繰り返し見ました。

岩の洞窟の中に閉じ込められて、私がいるのは障子部屋です。原稿を書く筆記用具とライトぐらいしかなくて、障子を開けると岩で、出ることができない状況です。

時々誰かが訪ねてきて、一緒に長い廊下のような岩の穴をずーっと歩いて行くと、でっかい金の薬師如来《やくしにょらい》がいて、今まで部屋で書いていたものを見せるとふんふんと読んで、また部屋に戻されるという夢ですね。

やたらに夢に出てきたこの薬師如来が、ジュンコさんに連れて行ってもらった京都の東寺《とうじ》にいたんです。東寺で大きな薬師如来像を見て、「あ、これ」、この人だった、ついに出会ったと思うと、何ともいえず浄化された気持ちになって心が落ち着きました。

東寺では、長者さまというか、管長《かんちょう》さんともお会いできました。そうしたらその管長さんがおもしろい。東寺の中で会食をさせていただくと、お酒を飲まれるんです。「お坊さんがお酒を飲んでいいんですか?」と尋ねたら「いいんだ、いいんだ。酒と女は二号までだ」って、おいおい。

でも私の考えと同じです。人間だから誰でも1回は失敗したりとか、ときには嘘をついたりもするでしょう。だけどそこから学んで反省して、2回目をやっちゃいけない。もし2回やってしまったら、これは自分の質《たち》、性分です。なのでもう一度悔《く》い改めて、どうしてこうなるのかをよく考えて治すべきです。修行に出るなどして。

じゃ3回やってしまったら? それはもう治りません。たぶん。

バラエティをやっていると、その分野の最高峰のいろんな方にお会いして、お話が聞けるので幸せです。

本当にやりたいことが見えてきた

　仲良しだと思っていた人が大勢の前で、「ねえ、がんなんだって？」「邦ちゃん、がんだったんだよ」と言ったり、「こっち？　ここなの？」と胸を触ってきたりとかしました。摘出も終わっているのに。

　だめだめそんなことしてちゃ、これ着なさいとか、荷物は持っちゃだめだなどと言う人もいました。でも、どうするのがいいかは自分で分かっています。申し訳ないけどかえって負担というか、面倒です。

　本人はよかれと思っても、そのたびに私が我慢するようなら付き合ってはいけない。一方で、よかったよかったと普通でいてくれる人もいっぱいいます。幸せです。がんになったことで、周りにいる人のことが見えてきました。

　病気はならないほうがいいけど、いっぱいいい目にも会いました。これはキャンサーギフト、がんになった人への神様からの贈り物です。

　落ち込んでも1日、笑っても1日、それならば、と顔を上げた瞬間に神様からひとつプレゼントがもらえるそうです。私はそれをたくさんもらっています。

「山田」つながりで付き合いが始まる

岩手県の太平洋岸に人口1万数千人の漁師町があります。私と同じ名前の山田町です。東日本大震災があった平成23（2011）年から、この山田町に通い始めました。

震災後にテレビでニュースを見ていたら、津波が来て、そこにさらに火事が起きてしまい、焼け野原のようになった町が映し出されていました。画面には岩手県山田町とありました。

これは大変なことになっている。山田と聞いたからには、他人事《ひとごと》とは思えません。

私は東京生まれですから田舎がありません。

だけどたぶん、山田町の人たちは、〝山田〟なんだから山田邦子のことを知ってくれているはずだ。ここを応援しようと決めました。

最初に山田町に行ったのは、地震が起きた3月11日の1カ月後です。迷惑にならないように作戦を練り、いろいろ持って行きました。

4トントラックにマットレス、大人用と子ども用のオムツ、おもちゃ、お菓子、缶詰、水、何がいいか分からないからもう積めるだけ積んで、そこで寝泊まりもできるように準備しました。

東京から山田町までは遠かった。道路が被災して交通事情もよくありませんでしたがようやく到着すると、ぷんぷんと焼け焦《こ》げたような臭いがまだ漂《ただよ》っていました。

山田町役場は残っていたので、そこにうかがって職員の方と相談し、避難所となっている学校や施設、ご家庭を回りました。

始めはどうしたらいいか分かりませんでしたが、避難所に入っていくとあちらこちらから声をかけてもらえました。

「おー、邦ちゃん邦ちゃん、ラジオ聞いてるよ」と。膝を突き合わせてお話を聞いて、しまいには一緒に床で横になりました。

「流れてきた畳にしがみついて生き延びたんだよ」

「つかまれる木があったから助かったけど、そのときの傷がこれ」

「家族はみんなどこにいるか分からない、行方不明になっちゃって自分だけここにいるんだ」

そんな話を聞いているうちに、何か歌ってよと言うので、えーっ、じゃアカペラで歌います、と。そうしたら、わー、元気になると拍手をしてくれます。子どもたちにもお菓子をあげたりして、笑顔がいっぱい。

そうこうしていると、「次いつ来る？」という話になり、「じゃ来月来る」と約束しました。何が足りないか必要なものを教えてもらうと、お弁当が配られるけど温める電子レンジが欲しいとか、時計がないなどと言ってくれたので、次回からは悩まずに済みました。

役場も難を逃れてきた人や送られてきた救援物資でごっちゃごちゃだったけれども、片づけてみたらとてもいいホールだというのに気づきました。

聞いたら山田町は吹奏楽の町で、音楽が盛んとのこと。だけど楽器が全部流されたというんです。「吹奏楽を練習できる時間ある？」と聞くと、「やりたい！」というので、楽器を揃えるための支援をしました。

何度目かには倍賞千恵子さんたちと相談して、スター混声合唱団を連れて行ってコンサートを開きました。山田町のみんなも一緒に歌い、入りきれない人がホールの外にいたので、松村邦洋《まつむらくにひろ》くんなんか会場の外まで出て行ってあいさつしてくれました。

その後も山田町に行くたびに、温泉ができたとか、少しずつ復興していきました。

「温泉はもともとあったんだよー。きれいにしただけ」というので温泉に入って、お買い物をしてお金を落としていくのもいいことだからと、友達を連れて行ったりしています。

平成25（2013）年10月、山田町復興ふるさと大使に任命され、私にも「おかえりなさい」と言ってくれるふるさとができました。それからも行けるときにはずっと通っています。始めてからもう10年になりました。

被災した人たちの生き抜く力

最初に避難所を回ったときに、眉毛《まゆげ》がない女性がいて「眉毛も描けないの。麿《まろ》だよー」と笑っていました。なるほど、確かに麿です。私よりも年上の方です。

女性はみんな素顔でした。化粧品も全部流されて着の身着のままだったから、私が持っていた使いかけのアイブロウペンシルをその麿にあげました。

「いいの？」「いいよ、これもあげるよ」と持っていた化粧品も渡しました。

そうしたらその人が行くたびに声をかけてくれます。

「あ、麿だよ。元気？」「元気！」

「今度仮設になったよ」とか「新しい家ができたよ」と近況も伝えてくれます。

２０２０年には松茸《まつたけ》を送っていただきました。開けたらすごい立派な松茸。びっくりしてすぐ電話しました。

山田町は海の町ですからホタテとかカキも養殖していて、海産物が抜群においしいんですが、山では松茸がとれます。関東などの高級な料亭に買われて一般には出てこないほどの名産地です。何回か行っているうちに、町長さんがゆずってくれるというので知りました。

松茸をもらって麿に電話をかけると、麿の声は少し年取っていました。

「こんないいものをいただいて。悪いね」

「いや、送りたいんだよー。食べてー」

「ありがとうございます」

豊作の年だったそうです。それで離れたところに暮らしている親戚の子に送ってあげた、みたいな感じ。とてもおいしかったです。

山田町の人たちは本当に素晴らしい。生き抜こうとする力を感じます。

最初に行ったときはもう焼け野原のようで、海も山もめちゃくちゃになっていて、どうなるんだろうと思いました。

船をなくした男たちは、海も元気も失っていました。でも女たちが強かった。

そのうちに車が通れる道路が敷かれて、病院も学校も銀行もできていきました。駅が復旧して三陸《さんりく》鉄道も通るようになり、お祭りも再開しています、御神輿《おみこし》を担いで、船に乗せて沖に行ってお参りしてくる、勇壮な男の祭りです。海もきれいになって、２年３年とするうちにカキも海に戻ってきて、釣りもさせてもらいました。

今行くと、本当にきれいになっています。最初のあのときの光景を知っているから、信じられません。「復興」とひと言で言うけれど、本当に生き抜く力というのはすごいものだなと思います。

残念ながら２０２０年は新型コロナ感染症の影響で行けませんでした。人生というのは本当に次から次へといろんなことがありますね。早くまた山田町の人たちに会いたいです。

あこがれの歌舞伎座公演

２０１９年６月、太田プロダクションとの契約を解消してフリーになりました。

この年、家元・師匠より「杵屋《きねや》勝之邦《かつのぶくに》」の芸名を許され、４月の長唄《ながうた》杵勝会《きねかつかい》の歌舞伎座公演に名取《なとり》として出演しました。平成12（２０００）年から三味線《しゃみせん》を、そしてその後長唄も習い、２０１９年にようやく名取になれた初のお披露目です。

でも、その披露公演を事務所の人が誰一人として見に来なかった。それが辞めることになる決定打になりました。

三味線を習い、唄の稽古をつけていただき、芸をきちんと身につけようと19年間一生懸命続けてきました。歌舞伎座はお笑いやタレントの人間にはとても敷居が高く、そこで国宝の先生たちに囲まれて、運がよかったのか悪かったのかくじ引きで大トリになり、私には一世一代の晴れ舞台です。

当日はたくさんのお友達やファンの方が見に来てくれて、幕がチャーンと上がるとみんなの顔が見えた。それはうれしかったです。

もちろん事務所にもやることは言ってあったし、事前にあちこちで大々的に発表しました。マネージャーも聞いていたはずです。でも一切話題にも出ませんでした。

現場のマネージャーとは長い付き合いで、もうひとり新人もいて毎日現場に付いていました。

披露公演の当日は『開運！なんでも鑑定団』の収録があって、行ったり来たりしました。まず午前中に歌舞伎座で出演者全員で一曲唄い、そこへマネージャーが迎えに来てテレビ東京に移動。番組収録後、また歌舞伎座に戻ってきて夜の部の出番となりました。

でも夜の部の大トリで私の唄が始まったときには、家か事務所かに帰ってしまったようで2人ともいませんでした。さすがにショックでした。

その前の週には新宿末廣亭《すえひろてい》に出ていました。ここも師匠がいないとなかなか舞台に上がれないところです。このときはやっと「芸人」の仲間入りができて一人前になった気がしました。

何年もかかって私が自分で筋道をつけて、話を決めた舞台でした。なのに、やっぱりマネージャーは顔を出しませんでした。事務所としても演芸場に出入りすることができる絶好の機会だったはずなのにです。そしてとどめに歌舞伎座公演です。

私はＮＨＫのＥテレで『いろはに邦楽』という番組を担当していました。１０８回も続き、長唄や浄瑠璃《じょうるり》や新内《しんない》、お琴、尺八などの錚々たる方々にお会いしました。そこから知り合いになって、お仕事が始まることもあるわけです。これからは和ものも行けるとなれば、別の展開もあります。

でも事務所は興味を持たなかった。たぶん目の前のお金にならないからです。

ＡＫＢ48のメンバーが事務所に入ると、みんなで現場に出かけて、マイクを付ける係は誰だとかやっているんです。

事務所の磯野勉会長が、２０２０年に亡くなりました。「女は面倒くさいからな」と最初に言っていたあの前社長です。その後とてもお世話になりました。この方が現役だったら違ったと思います。芸能界のお父さんみたいでしたから、お元気だったらおめでとうと歌舞伎座にもきっと見に来てくれたと思います。

事務所を辞めるのが遅すぎた

太田プロには、YouTubeをやらせてほしいともずっと言っていました。ネタをやるようなテレビ番組がないので、自分らしい姿をちゃんとアピールしたかったんです。稽古場は使えるし、自分で動画を作るからと３年ぐらい言い続けたけれど、できない、できないと断られていました。

そのわりに何か具現化すれば、ギャラの30％はしっかり取られます。

若手が集まって勉強会を開き、じゃあライブをやろうと台本を書いて、バイトしながら稽古して、手売りでお客さんを集めて劇場をセッティングして、全部自分たちでやったのに「じゃ30％ね」です。

売り込みも宣伝もないのに、でも協賛・協力には事務所の名前が入ります。こうなるとみんな、だんだんやる気がなくなってしまいます。

よく考えたらデビューのときも、ひょうきん族の仕事は自分で決めて持って行ったし、ネタを作って売り込んで、何かないですか、よろしくお願いします、という営業も自分でやっていた。

それが何年続いただろうと振り返ると、事務所を辞めるのが遅すぎたかもしれません。来た話を受けるだけなら子どもでもできる。

よく考えたら、たけしさんは太田プロからとっくにいなくなっていて、そのあとも辞め、どんどん先に進んでいた。かなり後れを取っちゃいました。

値段交渉、人の手配、全部自分でやってみる

そんなこんなで事務所を辞めさせてほしいと言い始めてから、これが終わったら、あれが終わったら、とずるずる引きずりました。

2019年6月に舞台公演が終わり、その頃に11年間やっていた『日曜バラエティー』というNHKラジオ番組の司会や、14年間続いたEテレの『ハートネットTV』の仕事も終わったので、じゃあこれでということになりました。

辞めてから丸半年は、まったくのフリー。その半年間は、本当に楽しかった。

何月何日にいくらで何をすると決めるのも全部自分です。二十歳で太田プロに入るまでの最初の頃はフリーでしたから、40年ぶりです。

請求書を初めて書きました。手書きです。〝ノーカーボン〟の意味が分からず、文房具屋さんのおばあちゃんに聞くと、「カーボン用紙がいらないって意味だよ」と教えてくれました。下敷きをしないで書いたら6枚ぐらい写っちゃって、あ、一番上の厚紙を使うのか、と。

友人にはパソコンだと請求書は2秒だよ、と言われました。それも打てるようになったけど、やっぱり手で書いています。手書きだと「へえ、山田邦子さん本人の字ですか」とちょっとした話のタネにもなるので、月末になるのが楽しみになっています。

太田プロのマネージャーやスタッフで、今も大好きな人は何人もいます。40年もいたんですからね。フリーになってからしばらくいろいろ頼りました。

残っていた荷物や資料を送ってくれたり、辞めてからも心配して、いろいろと教えてくれました。とてもいい人たちです。

レギュラー番組のスタッフに、退社することを話すと、「邦ちゃんと仕事をしているんだから、そのまま続けます」とみんな言ってくれました。太田プロも、そういうところはそのまま残してくれました。

２０２０年１月に、業務提携という形で新しい事務所のメンバーになりました。

スポーツ関係の事務所でいわゆるタレントは誰もいませんが、芸能のことも楽しんでやってくれています。いい関係で互いに知り合いが増やせればと、ラフな感じで考えています。

念願のYouTubeチャンネルを開設

新しい事務所に来て、YouTubeの話をしたら、すぐに提携するプロの人を外部から呼んでくれて、その日のうちにもう開設できました。

３年間はなんだったのかと思うぐらいあっさりと。それから約１年、１３０回以上アップしています。

最近は芸能人のユーチューバーも増えて、なんと太田プロのタレントたちも大勢始めました。やりたいことがあっても、今はテレビで発表の場がない。

さんまさんは、YouTubeに出たら負けみたいに言うけど、そんなことを言っている時代じゃないですよ。だって『クイズ！脳ベルＳＨＯＷ』以外、決まった人しか出られないんだから。

宮迫博之《みやさこひろゆき》くんは偉いですよ。西野亮廣《にしのあきひろ》くんなんて、どんどん先に行っている。見る側は、好きな時間に好きなチャンネルを選べます。送り手には、スポンサーが付けば収益が上がります。

ユーチューバーのなかには、すごい大金持ちがいてびっくり。何億回という再生回数で、何億円も稼いでいます。朝起きてからご飯を用意して食べて出て行くまでとか、意外となんでもないことをしてたりします。

ただ毎日アップしている。で、情報が早いんです。山P辞めた、という瞬間にもう関連動画が出ている。みんないつやってるんだろう。とてもそこまでできません。

こっちでも、ほんとにちょっとだけお金が入るようになりましたが、それだけで食べていけるような金額じゃない。まだユーチューバーとしての覚悟が足りないと思って勉強中です。

人気ユーチューバーは、逆にテレビに呼ばれて番組のゲストで出たりしています。なんかゴチャゴチャになってきた。でもどんどん混ざったらいいんです。

めざすはみんなと一緒に考えるご意見番

YouTubeのスタッフとは定期的に会議で何をするか決めています。その人たちはみんな若い。19歳とか20歳です。

私は最初お笑いのネタをやっていきたかったんですが、それだけだとつまんないからとあっさり言われました。怒らない、怒らない。新しい感覚を盗め、です。

あるときなどは、催眠術体験ですよ。すごい人気の催眠術の人で、もう自由にかかっちゃって、額が壁にくっついて動かない、腕が回らない。催眠術を解いてくれても、解けたかどうか分からなかった。そういう体験ものも入れていっています。

社会ネタ、時事ネタがあると、コメントを一番に出してくださいと言われています。

ご意見番みたいなのはあまりやったことがなかったので、最初はどうかなあと思ったけど、考えたらちょうど今語れる年齢なのかなと思いました。

芸能界のことをしゃべれる人が、確かにあまりいないかもしれない。年を取ると、自分で聞き込みなどしないで、ググったりヤフーニュースから拾ったりしているコメンテーターも多く、言えないこともたくさん抱え込んでいるのか、滑舌《かつぜつ》も悪けりゃ、切れも悪い。私なんか今スポンサーも付いてないし、ノーマークなんで、いい位置にいます。

私の場合、ご意見番といってもお説教するのではなくて、一緒に考えようという投げかけタイプです。みんなだったらどうする？　という感じですね。

コメント欄のやりとりを見ると、若い人が結構見てくれています。

たぶん10代だと思いますが「おばちゃん、誰？」って。

「山田邦子です。以後よろしくお願いします」と返すと、横から「山田邦子さんといってな、どういう御方《おかた》かググッて調べてみろ」とか入ってきたりします。視聴者との距離がすごく近いですね。

たけしさんとかひょうきん族の話をもっと聞きたいという人は多いです。意外に昭和の時代の流行や、昔の大映ドラマのファンがその頃の話をお願いしますとか中森明菜《なかもりあきな》ファンの高校生がいたり、リクエストもいろいろいただくので、参考にしています。

どうディスろうかといつも考えている人がいる

お悔やみとか、事件についてコメントすることもあります。いろんな立場の人が見るので、みんな自分のことに置き換えて考えるきっかけになれば、と心がけています。

でも、やっぱりというか、きついコメントも来ます。「死ね」とか、「何様のつもり」というような類《たぐい》のものです。時々、心にグサーッとくるような巧みな文章もあり、ある意味天才だな、と感心します。どうやってツボを衝《つ》いてやろうかと常に考えているんでしょうね。

そういう人は誰が相手でも待ち構えています。それはそれでYouTubeのひとつの姿なのです。

そんな書き込みにもなるべく返事はします。「ごめんなさいねー」「不愉快でした？気をつけます」「がんばります」など。それがまた逆撫《さかな》でることもありますが、仲良くなることもあります。とにかく時間がいっぱいあってかまって欲しいのだと思います。無視は簡単ですが、その人もＳＯＳを出している側かもしれないと私は思うのです。

がんになったときも、似たようなことはありました。

信じられないかもしれませんが、わざわざ直接会いに来て「なんでがん治ったの？死ねばよかったのに」と言う人がいました。それは芸能人の方でした。

一般の人でも似たような人がいました。「ほんとですねー」と言って、それ以上相手にしませんでしたけど。手紙でも来ました。わざわざお金を出して切手を貼ってまで送ってくるのは、もはや趣味なんでしょうね。今でもまだ言われることがあります。

そういう人は、ほかに楽しいことがひとつもないんですね。もうかわいそうです。

人に愛されるとか、ありがとうって言われたことが一度もないとこうなります。

こういうアンチの方の対処法というのもよく聞かれますが、これといったものはないです。嫌がらせをしてでも目立って、自分がここにいますという存在の証《あかし》みたいなものなんじゃないでしょうか。

恋愛でもうまくいかないと悔しくて、その人を傷つけて心のなかにちょっとでも残りたい、こっちを向いてくれればいい、と悪者になっちゃう人っていますよね。完全に間違えていますけどね。

でもね、私はそういうのもちょっと人間っぽいって思います。迷惑ですけどね。

応援してくれる人はたくさんいる

バッシングを受けて、苦しくなったり病《や》んじゃったりする人も多いですよね。残念なお別れをした方もいました。みんな真面目な方たちでした。

私だって、もういっぱいいっぱい、キワキワだなという精神状態のときはあります。元気出せって言ったって、出ないときは出ないですよね。

ただ、もし今悩んでいる人がいたら、「みんな悩むよ」ということは言いたい。同じような悩みを抱えている人はほかにもいます。一人じゃないことが少しでも支えになるといいなと思います。

そして40年間、いろんな経験をして変わったのは、相手がいることの場合は、死ぬのは私ではなく、お前だ、と振り切れるようになった。怖いですか？　呪文みたいなもんです。ご安心を。〝生き抜く力〟です。究極、生き方も死に方も自由だと思いますが、もう少し、生きてみましょうよ。

大変なことは目立つけど、本当はいいことのほうが多いんです。

私も嫌なことの何倍も、素晴らしいことに出会ってきました。嫌なことはあまりないのに印象に残りやすいだけです。巣鴨《すがも》のおじいちゃん・おばあちゃんも言っていました。「何もないことが幸せじゃ。何かあったときは大変だ」って。

悪いことを言う人は目立ちます。だけど応援してくれている人のほうがずっと多い。

もう嫌になった、死にたいと思ってしまったときは、そのことに気がついてほしいと思います。優しい人っておとなしいから目立たないけど、いっぱいいるんですから。

テレビがつまらなくなった理由

テレビ番組がつまらなくなりましたね。どこで間違えたんでしょうね。

あるとき、出演する番組の台本が届いたので読むと、「ここで笑いなど取って」と書いてありました。これはひどい。出演者に丸投げです。これは進行表であって、台本ではない。

さらに最近のバラエティ番組はカンペが出過ぎです。前はもっといろんなことがしゃべれたのに、これでは出演者が自分の本当の意見を言わなくなります。

自主規制も厳しくなり過ぎかもしれません。過激になり過ぎたところがあったから、その代償でコンプライアンスが厳しくなっていった面もあります。

それに、番組の制作費も削られています。さらに2020年のコロナ禍でスポンサーも離れていきました。1社提供の番組を持つ会社がなくなり、みんな厳しい時代になりました。

一方ではYouTubeで再生何千万、何億回の番組がある。大きいスポンサーも、そっちのほうが宣伝になるからと続々と移っていきます。

私たちも悪かったと思っています。派手にセットを組んだり衣装を作ったりして制作費をさんざん使ってきたんですから。１週間に何千万円も使っていました。

今、オールロケのグルメ番組は、おそらく制作費数十万円です。タレントさんのギャラを入れてもせいぜい２、３００万円以下の番組もあるはずです。お金のやりくりを考えないといけなくなりました。

芸能事務所も昔と変わりました。目の前の仕事だけしか見ないのは、太田プロダクションだけでなく、周りで聞いてみると、うちもそうだという話ばかりです。

昔はマネージャーとタレントががっちり組んで、ヒットすると抱き合って泣いて喜ぶという姿がありました。今は契約で時間がくればマネージャーは帰ってしまうし、アゴ代足代（食事代と交通費）もタレント持ちが主流。

するとマネージャーが現場に来ないほうが安上がりだとか、スタッフと仲良くするほうが仕事につながるなという考えになり、事務所はもういらないかなとなる。

お笑いだけでなく俳優さん、タレントもよっぽどの愛社精神がない限りは辞めてしまいます。以前も条件のいいところに移ることはよくありましたが、今は個人でもできるという発想です。タレントたちはみんなやる気があるのに、もったいない話です。

一発芸が増えてネタを作り込まなくなった

一時、お笑い芸人がネタを作らなくなった時期がありました。

この傾向が出てきたのは、たぶん1990年代に「ボキャブラ天国」が出てきて一発芸が流行ってからです。一発芸は一発芸でおもしろいけど、時間をかけてネタを考える習慣がなくなります。あのあたりからちょっとおかしくなった気がしますね。芝居と漫才も違います。

それに自分のファンの前だけでやっていると何やったってキャーって言われるから、やっぱり鍛えられないですね。演芸場で寝ているような人にも笑ってもらわないと力はつきません。

舞台で長年やってきた人は、鍛え方が違います。青空球児《あおぞらきゅうじ》・好児《こうじ》さん、「ゲロゲーロ、ゲロゲーロ」のネタでずっとやってきている漫才コンビですけど、もうすぐ80歳になりますが、今でも現役です。

たくさん共演させていただきましたけど、もう何があっても絶対笑いを取って帰って来る。やっぱり根性が違います。ヤケクソみたいなネタの引っ張り方をすることも、勉強になります。

昔は浅草演芸場から生放送のテレビがありました。青空球児・好児、獅子《しし》てんや・瀬戸《せと》わんや、Ｗ《ダブル》ヤング、玉川《たまがわ》カルテットとか、みんなネタがおもしろかったですね。

平成20（２００８）年4月、その頃ヒマだった私にＮＨＫの岩崎博《いわさきひろし》プロデューサーが声をかけてくれて、毎週日曜の昼間の約2時間半で客入れの公開生放送・ＮＨＫラジオ『日曜バラエティ』がスタート。私は総合司会だけど、歌ゲストの大月《おおつき》みやこさんや瀬川瑛子《せがわえいこ》さん、山内惠介《やまうちけいすけ》くんほかたくさんの方々のものまねをしたり、一緒にコントなどもして知り合い、今でもとても仲良くさせていただいています。

そして、「邦子のなんなんでショー」というコーナーでは、何と毎週毎回約７分間のネタをやり、いいネタができずに頭から湯気が出た土曜の夜もあったけど、中高年層の大人気番組となり、２０１９年３月までの11年間で約４５０本ものネタを作り、やり抜いたことは誇りに思います。やっぱりネタで目の前のお客さんが笑ってくれるっていいですよ。自信がつきました。

番組全体の台本は『笑点』の構成作家でもある会沢展年《あいざわのぶとし》先生が書いてくださり、番組終了後の２０２０年１月には『笑点』の演芸コーナーにも呼んでいただきました。

先生、いいネタありますんで、またお願い致します。

若手のおもしろい芸人も出てきている

今、またネタブームが来ているように思います。ネタのおもしろいヤツが残る。そういう意味では、漫才協会に入っている人たちは強い。

最近でいうと、ナイツやロケット団などが浅草東洋館でずっとやっています。おもしろい。ニュースやワイドショーの話題をどんどん取り上げて、しっかりネタを作り込んでいます。

ほかにもおもしろいと思う若手はいます。若い子たちも、よく勉強して練習していることが分かります。おもしろいものは誰がいつ見てもおもしろいのです。

お笑い芸人になるような人は、みんなクラスの人気者だったでしょう。でもテレビに出てみたら、いい大学を出ているつまらない人たちにカンペを出されて「この通りやって」と言われて、何か違うなと思っていることでしょう。

スマホがあれば動画がネットで見られる今の時代、このままではテレビは完全に負けてしまいます。

お笑い芸人たちも、これではまずいと気がついて、もがきはじめています。

コロナも笑いに変える工夫

２０２０年は私にとって60歳を迎え、芸能生活40年の大きな節目でした。区切りがよいのが好きな私は、いろんな企画を用意していましたが、コロナ禍でイベントから何からみんななくなってしまいました。こんなことになるなんて本当に驚きました。

でも11月末から12月の初めに『山田邦子の門２０２０』という舞台だけはできました。前年にやった続編で、そのときからのメンバーが中心です。

本当は5、6月の予定でしたが、延期になりひやひやしました。でもなんとか無事千秋楽まで終えることができました。しかも今までで一番の大爆笑。最高の出来でした。

もちろんコロナ対策のガイドラインをきちんと守りました。マスクで顔が半分しか動かないし、歌いづらいし、しゃべりづらい。だけど仕方ありません。

アクションシーンが多いお芝居でしたが、がっつり組んで立ち回りができないので、エアで戦いました。相手がいると想定して、ひとりでパントマイム。みんながスマホで離れてしゃべる場面もありました。

ソーシャルディスタンスを内容に織り込んでお笑いにしていく、苦肉の策です。工夫すればできることを提案するのもテーマのひとつでした。対面が当たり前でなくなったことで、気づいたこともありました。

今回の舞台は、オンライン配信もして好評でした。カット割りもきちんとして、劇場に来られなくても、高齢の方や体調が悪い人、遠く離れたところにいる人などにも楽しんでいただきました。

劇場では、客席が静かな分集中しているのがよく分かりました。マスクをして大笑いができないお客様もお腹を抱え涙を流して静かに大爆笑。みなさんが出演者のひとりのような感じになり、一体感が生まれ、達成感がすごかった。

もしかすると、観客席が狭くてくっついていたこれまでの劇場はもう古いものになるかもしれないと思ったほどです。冬場なんか荷物も多いし、雨が降ったら濡れた傘や靴も気になります。これからは、間隔が十分でゆったり観られる劇場があってもいいですね。カップルシートやファミリーシートがあってもいい。

ぎゅうぎゅうに入れたほうが儲かるけど、これからは劇場のあり方も考えたほうがいいと思いました。楽しかった。

観客へのサービスも時代に合わせる

３密を避けるために、お客さんにもいろんなことを守ってもらいました。ロビー花も差し入れもなし、面会も禁止です。

打ち上げに参加できる前売りチケットも販売しましたが、打ち上げ自体ができず、そのままだとただの高いチケットになってしまうので、最終日にその方たちのためのミニコンサートを急遽《きゆうきょ》追加しました。毎日観に来てくださったような方々ばかりだったので感激しました。心温まる大千秋楽になりました。やってよかったです。

普段見られない終演後の楽屋や幕のうしろが見学できる、バックステージツアーのチケットも買ってもらっていました。でもそこにも入っていけなくなったので、ステージの下に集まってもらい、小道具や持ち物など見たいものを聞いて、出演者が持って来るようにしました。手に取ることはできませんが、離れたところから写真を撮りました。これも、こういうご時世だからできたことだと思います。

エンディングのカーテンコールの参加体験は、当初はステージ上で一緒にと考えていましたが、客席で立っていただいて、出演者がステージから全員でお礼を言う形にしました。みなさん、事情を十分に理解し、待ちに待った舞台を楽しみ、不満を口にする人は誰もいませんでした。

劇の内容も、これまでの私の40年間をなぞるところがあり、力が入りました。こんなときなのにありがた過ぎます。日本一幸せな60歳だなと思いました。

還暦を迎えて新しい目標もできた

60歳になったらもうおばあさんかなと思ってたら、そうでもないですね。

感覚もまだ若い先輩たちが50年60年とおやりになっているので、まだまだ途中ですし。

コシノジュンコさんは、今でもハイヒールで走ってきます。何食べてるんだろう。年齢のことを言ったら怒られますけど、プラス20です。先生って言っても怒っちゃうので、ジュンコさんとかジュンコちゃん。お孫さんもジュンコと呼んでいます。そういう感覚っていいですね。

今、携帯電話やスマホのアプリ、バーチャルの世界で儲けている人たちがいます。頭のいい人たちです。でもいつかは頭のなかがパンクしてくると思います。

結局、最後はまた農業じゃないかと思っています。若くて農業を始める人も増えています。

　私も農業にあこがれ、新潟《にいがた》でスイカを作ったりしています。なぜか新潟には友達がたくさんいます。お米の産地として有名ですが、じつは私が子どものときから大好きなスイカを育てるのにとても適している砂丘があります。

　今はコロナで東京からなかなか行かれず苦戦中ですが、新潟に住んで本気を出そうかと考えているぐらいです。

　釣りも大好きなので、魚の魅力もちょっと捨てがたいですが、芸能界のこともやりながら、自然な流れで何かに最後はうまく着陸すると思っています。まあ、何をやるにせよ健康が一番。元気に動けるうちはまだまだいきますよ。

人脈もある、売り込みもできる、自分自身が芸能事務所

　テーマパークをやりたいです。スイカの城なんかできたら最高だけど、その前に、まずは飲み屋という小さなテーマパークからです。今、小さい飲み屋を始められる店の候補を下見していて、たまたま近所にいい空き物件が出ています。

そこで飲み屋のママをやったり、YouTubeを配信してもいいし、食えない後輩にアルバイトしてもらうこともできます。

お笑いも本業で食べていける人は一部で、下積みだとみんな食えません。だけど時間の融通が利いたり、顔のバレないアルバイト先を探すのは大変です。

スポーツをやっている人も同じで、アスリートとして十分な収入があるのは一部の人だけです。ならば歌手やタレントのパーソナルトレーナーをしたり、家の掃除や片づけをやってもらってもいい。それで生活の足しになれば一石二〜三鳥です。

私の飲み屋があれば飲めて、働けて、ネタが発表できて、人と知り合って仕事にもつながる。そんな後輩の芸人やスポーツをやる人たちが集《つど》う基地みたいになれればと考えています。

今業務提携している事務所は、入るとすぐにプロレスの仕事を取ってきてくれました。AbemaTVのプロレス中継の解説です。

プロレスは大好きで、ちゃんとチケットを買ってよく見に行きます。解説するのは初めてでしたが反響がよく、続いています。選手とも仲良くなりました。

AbemaTVもYouTubeと同じく新しい映像配信メディアです。こちらの仕事も広がり始め、楽しいです。

自分でも営業をします。イベントやロケに一人で飛行機に乗って行ったりするし、予算を聞いてもう一人ぐらいメイクさんとかスタッフも連れて行けるときは、ボディガード代わりに後輩のタレントと一緒に行きます。

一度そんな後輩を、この子もタレントですのでよろしくお願いしますと紹介したら、使ってもらえることになり、私って意外と売り込みもできるなと、今ちょっと楽しくなっています。

私を追ってというわけじゃないけど、フリーの後輩たちを各ジャンルごとに押さえてあり、向いていそうな話を振ってあげています。「こんな人もいますよ」と言うと、「ちょうど探していました」ということが意外とあるんです。

ずっとピン芸で来て、人に会うのは面倒くさいなと思っていた時期がありました。今はやたらに人に会うようになっています。

40年間バラエティをやってきて、また原点に戻ったようなところがありますが、スタートしたときよりも人脈ができたし、経験もある。大きくなって戻ってきました。人を励ますのがうまい、人を売り込むのもうまい。自分で動ける。顔が広い。結構面倒くさいことも好き。まだちょっとかわいい。そして何よりも生き抜く力がある。

やりたくてうずうずしている人がいっぱいいいます。その人たちが新しい機会を見つければ、私にも花が咲きます。

これ、やっていることはもう芸能事務所ですね。そんな新しい挑戦も始めている今日この頃です。

最後まで読んでくださり、ありがとうございました。じつは実家の母（86）が、いよいよ自力では動けなくなり、介護をしながらの執筆となりました。

「ありがとう」とは言うものの、二言目には「お父さんが待っているから、早く逝きたい」と言うようになりました。

私に〝生き抜く力〟をくれた母は、もう力が入りません。抱きかかえて下の世話をし、何とか少しでも食事を楽しんでもらい、でも寝てるだけでもつらそうなその横顔に「がんばれ」とはとても言えない。もう十分がんばっただろうし。一生懸命付き添っている弟が寂しそうだ。いつかは自分の番も来るのだから、初めてのこのこともしっかり経験し、学びたい。

小さな声で「邦ちゃんが力持ちでよかった」と言ったので「そこ？」と返したら、弟が「ぷっ」と笑った。

さあ、今日もスマイルでいきましょう!!

切りとり線

★読者のみなさまにお願い

この本をお読みになって、どんな感想をお持ちでしょうか。祥伝社のホームページから書評をお送りいただけたら、ありがたく存じます。今後の企画の参考にさせていただきます。また、次ページの原稿用紙を切り取り、左記まで郵送していただいても結構です。

お寄せいただいた書評は、ご了解のうえ新聞・雑誌などを通じて紹介させていただくこともあります。採用の場合は、特製図書カードを差しあげます。

なお、ご記入いただいたお名前、ご住所、ご連絡先等は、書評紹介の事前了解、謝礼のお届け以外の目的で利用することはありません。また、それらの情報を6カ月を越えて保管することもありません。

〒101-8701（お手紙は郵便番号だけで届きます）
祥伝社　新書編集部
電話03（3265）2310
祥伝社ブックレビュー　www.shodensha.co.jp/bookreview

★本書の購買動機（媒体名、あるいは○をつけてください）

＿＿＿＿新聞の広告を見て	＿＿＿＿誌の広告を見て	＿＿＿＿の書評を見て	＿＿＿＿の Web を見て	書店で見かけて	知人のすすめで

★１００字書評……生き抜く力

名前

住所

年齢

職業

山田邦子　やまだ・くにこ

1960年、東京生まれ。80年芸能活動開始。81年デビュー曲『邦子のかわい子ぶりっ子バスガイド篇』で有線大賞新人賞受賞。『オレたちひょうきん族』『邦ちゃんのやまだかつてないテレビ』などで人気になり、多数の冠番組を持つ。88～95年NHK好きなタレント調査で1位。2007年、乳がんに罹患し、その体験から08年にがんに対する知識と理解を呼びかけるチャリティー団体「スター混声合唱団」を設立。団長を務め全国各地にて活躍中。同年、厚生労働省「がんに関する普及啓発懇談会」メンバーとなり、「乳がん検診の大切さ」について体験談とともに全国で講演中。20年 YouTube「山田邦子 クニチャンネル」開設。これまでに共演した大御所芸能人との秘話から、最新の芸能ニュースまで次々と切り込む動画が大好評。

生《い》き抜《ぬ》く力《ちから》

山《やま》田《だ》邦《くに》子《こ》

2021年3月10日　初版第1刷発行

発行者……………辻 浩明
発行所……………祥伝社《しょうでんしゃ》
〒101-8701　東京都千代田区神田神保町3-3
電話　03(3265)2081(販売部)
電話　03(3265)2310(編集部)
電話　03(3265)3622(業務部)
ホームページ　www.shodensha.co.jp
装丁者……………盛川和洋
印刷所……………萩原印刷
製本所……………ナショナル製本

造本には十分注意しておりますが、万一、落丁、乱丁などの不良品がありましたら、「業務部」あてにお送りください。送料小社負担にてお取り替えいたします。ただし、古書店で購入されたものについてはお取り替え出来ません。
本書の無断複写は著作権法上での例外を除き禁じられています。また、代行業者など購入者以外の第三者による電子データ化及び電子書籍化は、たとえ個人や家庭内での利用でも著作権法違反です。

© Kuniko Yamada 2021

Printed in Japan　ISBN978-4-396-11623-1　C0295

〈祥伝社新書〉
「心」と向き合う

183
般若心経入門
276文字が語る人生の知恵
永遠の名著を新装版で。いま見つめなおすべき「色即是空」のこころ
松原泰道

204
観音経入門
悩み深き人のために
安らぎの心を与える「慈悲」の経典をやさしく解説
松原泰道

188
歎《たん》異《に》抄《しょう》の謎《なぞ》
親鸞をめぐって・「私訳 歎異抄」・原文・対談・関連書一覧
親鸞は、本当は何を言いたかったのか？
作家
五木寛之

616
マイナスの効用
不安の時代を生きる技法
不安な日々の中で、心の痛みを癒してくれるユニークな効用論
作家
五木寛之

308
神（サムシング・グレート）と見えない世界
「神」とは何か？「あの世」は存在するのか？医学者と科学者による対談
東京大学名誉教授
矢作直樹
筑波大学名誉教授
村上和雄